당신에게로

당신에게로

—— 남편 이황에게 전하는 권씨 부인의 마음

❖ 안소영 지음 ❖

일러두기

1. 주요 인명과 지명에는 한자를 병기하였다.
2. 제시된 날짜는 모두 음력이며, 한 달 정도를 더하면 양력의 계절감과 일치한다.
3. 『 』는 책과 정기간행물, 「 」는 시 제목, 편명과 논문에 사용하였다. 〔 〕는 한자어의 뜻풀이
   와 한자가 함께 쓰인 경우에 사용하였다.
4. 풀이가 필요한 단어는 해당 단어 위에 •를 표시하였고, 설명은 각주로 달았다.
5. 한시 원문은 본문 맨 뒤에 실었다.

못다 한 말

사람의 마음에 담겨 있는 말은 어느만큼이나 될까요? 다른 사람이 품고 있는 말을 우리는 얼마나 알 수 있을까요? 만나지 못한 옛사람의 말에 귀기울여 본다는 것이 과연 가능한 일일까요?

이 책에서 저는 오백여 년 전, 한 소녀의 마음에 담긴 이야기를 해보고자 합니다. 소녀의 이름은 남아 있지 않고, 혼인한 뒤로 그저 '권씨 부인'이라고만 알려졌지요. 퇴계 이황이 상처(喪妻)한 다음에 새로 맞은 부인입니다.

소녀가 어린 시절에 한바탕 회오리바람이 몰아쳐 왔습니다. 조선 중종 때 조광조 등이 희생된 기묘년(1519) 사화에 연루되어, 숙부는 참형을 당하고 아버지는 예안으로 유배되었습니다. 숙부의 가족은 관비로 끌려갔지요. 하루아침에 멸문이 되다시피 한 와중에 소녀는 그만 정신을 놓아 버렸습니다. 혼기를 넘어서고만 있는 딸 때문에 근심하던 아버지는 예안의 젊은 선비 이황에게 간곡히 부탁하였습니다. 이 집안이 겪고 있는 고초에 마음 아파하던 이황은 기꺼이 혼인을 받아들였고, 소녀는 이제 이황의 부인이 되었습니다.

남다른 부인과의 생활은 우여곡절이 많았을 것입니다. 그래도 이황은 한결같은 마음으로, 부인의 실수를 감싸고 그로 인한 아랫사람들의 볼멘소리도 다독여주었습니다. 하지만 그처럼 든든한 울타리 안에서의 시간은 오래 가지 않았습니다. 서른이 조금 넘은 나이에, 부인은 산고(産苦) 끝에 이 세상을 떠나고 만 것입니다.

살아생전에 권씨 부인은 자신의 마음을 제대로 표현할 수 없었습니다. 온전치 못하다 하나 어찌 고마움과 서운함, 기쁨과 서글픔을 느끼지 못하겠습니까. 그리고 고마운 이에게 자신의 마음을 한번 표현해 보고 싶지 않았겠습니까. 그러나 부인은 가슴속에서 미로처럼 엉켜 있는 말을 밖으로 드러내 전하는 법을 알지 못했습니다. 여느 사람들에게도 쉽지 않은 일이긴 하지요.

안타까운 마음에 저는 생각해 보았습니다. 어쩌면 마지막 숨을 놓고 이 세상을 떠나갈 때, 오랫동안 통로를 알지 못해 고여 있던 부인의 말들도 훨훨 자유로이 바깥으로 나올 수 있지 않았을까요? 그렇게라도 마음을 한번 전해 보아야 하지 않을까요? 그래서 혼백의 처지로나마, 혼인한 뒤에 처음으로 속말을 터놓았을 부인의 마음에 다가가 보았습니다.

부인의 영구(靈柩)는 배에 실려 남한강 물줄기를 따라 예안으로 향했습니다. 순탄히 나아가는가 하면 험한 여울목을 만나기도 하고, 내리퍼붓는 큰비에 어려움을 겪기도 하였습니다. 부인의 짧은 생애와 마찬가지였지요. 고르지 않은 물줄기를 따라가며, 부인의 못다 한 말들도 이어졌습니다. 유배지의 가시울타리 안에서 처음 남편을 보았을 때, 그와 함께 지내던 산속 작은집의 추억, 언제나 자신을 다독여주던 따뜻한 말들, 그때마다 느꼈던 고마운 마음, 대궐 일에 지쳐 돌아온 남편의 쓸쓸한 얼굴과 왠지 모를 안쓰러움⋯⋯.

부인이 오래 담아둔 진심을 조심스레 꺼내 전하는 순간, 이황의 모습도 제대로 잘 보였습니다. 퇴계 이황은 조선의 성리학을 체계화하고 발전시킨 대학자로 널리 알려져 있습니다. 하지만 우뚝 선 이름과 학문 탓에 좀처럼 다가가기 어려운 사람으로 여겨지는 것도 사실입니다.

이황이 살다간 시대는, 불과 오십 년도 안 된 사이에 참혹한 사화가 네 번이나 일어났던 때였습니다. 어제까지 궐 안에서 함께 일하던 동료가 밝은 날이면 금부에 끌려가 끔찍한 형벌을 받는 광경을 숨죽여 바라보아야만 했던 시절이었지요. 이황 자신도 여러 번 관직을 빼앗겼고, 넷째 형은 결국 사화에 연루되어 희생되고 말았습니다. 고향 예안에 내려가 있지 않았다면 이황에게도 닥칠 일이었는지 모릅니다.

퇴계 이황의 학문은 이러한 현실과 따로 떨어져 있지 않았습니다. 조선의 성리학은 이(理)와 기(氣)로 인간의 본성을 철학적으로 설명하는 중국의 성리학에서 나아가, 사단(四端)과 칠정(七情) 같은 인간의 구체적 심성이나 감정에 관해 유달리 깊이 탐구해 왔습니다. 학문하는 선비들이 참담하고도 가혹한 사화를 거듭 겪으며, 그 속에서 드러나는 인간의 탐욕과 비겁함, 나약함과 절망, 그 가운데에도 잃지 않는 인간의 존엄함 등을 현실에서 보고 사색한 결과이기도 합니다. 퇴계가 못다 한 말들은 인간의 본성과 감정에 관한 깊은 탐구로 이어져, 수많은 제자를 길러내고 학문으로 집대성하여 전해지고 있습니다.

다른 사람의 말에 귀기울인다는 것은, 그 사람의 마음에 다가가는 길입니다. 그의 입으로 나와 우리 귀에 다가오는 말은 물론, 차마 입 밖으로 내지 못해 들리지 않는 말에도 귀를 기울였으면 좋겠습니다. 권씨 부인처럼 말하고 싶으나 하지 못하는 이들이 얼마나 많은지요? 병든 몸에 구애되어, 혹은 어디엔가 구속되고 고립되어, 또는 처지가 다르고 문화가 다르다는 이유로……. 이러한 사람들의 못다 한 말에도, 그 마음을 헤아리고 관심을 기울였으면 좋겠습니다. 오래전에 세상을 떠나 만날 수 없는 사람의 마음도 마찬가지입니다. 못다 한, 들리지 않는 말에도 귀기울이면서, 같은 사람으로서 이해를 넓혀 나가기를 바랍니다.

  권씨 부인의 마음과, 그가 거쳐 간 남한강 변과 예안 온혜로 이르는 길을 그림으로 먹먹히 표현해 주신 김동성 선생님께 감사드립니다. 지난해 여름, 태풍이 지나간 뒤의 남한강 뱃길에 동행해 준 남편에게도 고맙다는 말을 전합니다.

2019년 겨울에
안소영

차례

1

당신에게로

남한강 뱃길

여기가 어디쯤일까요?

강물이 치마폭을 움켰다 펼쳤다 하는 것처럼 양쪽 강변이 가까이 다가왔다가 다시 멀어집니다. 물속에 머리칼을 적시던 버드나무는 돛단배가 지나갈 때마다 도로 몸을 일으켜 손을 흔들고, 백로는 우아한 날갯짓으로 짙푸른 여름 강과 숲 이곳저곳에 흰 포물선을 그으며 넘나듭니다. 정오 지난 뒤로 차츰 기울어 가는 해는 제 몸에서 나온 금박 가루를 강물 위에 흩뿌리고, 늦점심을 마친 뒤 식곤증이 몰려온 상주(喪主)들은 뱃전에 기

대어 눈을 붙인 지 한참 되었습니다. 강물이 출렁이며 몸을 뒤틀고 이따금 삐걱대는 노 소리도 들려오지만 늦여름 오후의 적막을 깨뜨리지는 못합니다. 막 이 세상을 떠난 이도, 남은 이들도 모처럼 찾아온 고요에 다들 젖어 있습니다.

사람과 짐을 잔뜩 싣고 기세 좋게 마주 오던 황포돛배의 행렬이 어느새 많이 줄어든 것 같습니다. 아름드리 통나무를 싣고 물살 따라 거침없이 달려가던 떼배와 노꾼들의 함성도 드문드문합니다. 강물도 갈라지고 뱃길도 갈라져서인가 봅니다. 북쪽에서 내려온 강물과 남쪽에서 올라온 강물이 비로소 만나 한강, 큰 물줄기를 이룬 두물머리를 지나온 것이겠지요. 강은 이제부터 남한강이라 불리고, 다시 폭도 좁아졌습니다.

영구*를 실은 작은 배는 펄럭이는 돛도 작고 속도도 더디지만, 그래도 조금씩 앞으로 나아갑니다. 배는 강이 비롯된 물줄기의 근원, 동쪽 상류로 거슬러 가고 있습니다. 저 역시 그러합니다. 그리운 예안* 온혜(溫惠), 당신이 기다리고 계실 영지산기슭의 작은 집으로 가고 있습니다. 우리가 부부가 되어 함께 지낸 곳, 달팽이 집처럼 작다 하여 지산와사(芝山蝸舍)라 부르

• 　영구(靈柩): 시신을 담은 관.
• 　예안: 조선 시대에는 '예안현'이었으나, 지금은 안동시 예안면으로 통합되었다. 안동댐 건설로 수몰된 지역이 많다.

셨지요. 그곳에 닿으면 이승을 떠난 저의 몸을 당신이 편히 뉘 어 주실 것입니다.

바람이 잠든 사람들의 이마를 쓸어 주고 지나갑니다. 숭숭 구멍 뚫린 생베 상복 안으로도 들어갔다 나옵니다. 그럴 때마 다 상주들은 몸을 뒤척이거나 가느다랗게 한숨을 내쉽니다. 기 진맥진한 모습이 안쓰럽기만 합니다. 거친 상복을 입고 지낸 날들이 도대체 얼마인지요.

제 혼백이 몸을 벗어난 날은 1546년 7월 초이틀입니다. 갑작 스레 닥친 초상이라 28일에야 발인˚을 하고 서소문 집을 떠나 예안 장지로 향했습니다. 광나루에 이르렀을 때 배편이 여의치 않아 지체해야만 했고, 상류로 거슬러 가는 뱃길은 더욱 더뎠 습니다. 그러니 상주들과 집안사람들은 꼬박 한 달을 눈 한번 제대로 못 붙이고 마음 편히 쉬어 보지도 못한 셈입니다.

안 그래도 힘들다는 여름 초상입니다. 더구나 새 생명을 맞 이하려던 산실(産室)이 곧장 빈소가 되고 말았으니, 그 황망함 을 어찌 말로 다하겠습니까. 느닷없이 닥친 초상을 주관할 사 람도, 상청(喪廳)을 차릴 만한 재물도 없어서 얼마나 우왕좌왕 했는지요. 남산의 넷째 아주버님(이해李瀣)이 급히 오시지 않았

˚ 발인(發靷): 장례를 지내러 가기 위하여 상여 따위가 집에서 떠남. 예전엔 초상 치 르는 게 큰일이라 날짜는 형편에 따라 하였다.

다면, 아랫사람들만 남은 집에서 모두가 넋 놓고, 손 놓고 헤맬 뻔했습니다.

　준(이준李寯)과 채(이채李寀)가 부랴부랴 상경한 뒤로, 상가는 비로소 제대로 모양새를 갖추어 갔습니다. 먼 길을 한달음에 달려올 수 없었던 당신 대신 서둘러 보내신 것이겠지요. 머나먼 예안에서 서울 집까지, 흙먼지 풀썩이는 길을 달려오다 도중에 큰비를 만나기도 하였답니다. 상가에 도착했을 때는 초췌하기 그지없었지만, 장성한 두 아들의 모습은 미더웠습니다. 당신은 당부하셨다지요. 계모의 상이지만 친모의 상과 마찬가지로 마음을 다해 치르라고. 이미 몸을 벗어난 혼백이건만, 그 이야기에 가슴이 저리고 목이 메었습니다. 계모라도 제가 오죽합니까? 덜된 데다 한참 모자라기까지 한 어미인걸요.

　그 뒤로 정식으로 관을 마련하여 염습도 하고 빈소도 차렸습니다. 준과 채는 계모의 상이 아닌 어머니 상의 법도대로, 오동나무 지팡이에 성근 삼베로 지은 상복을 입었습니다. 아침저녁 상식* 때마다 젊은 상주들이 "아이고, 아이고" 구슬프게 곡하노라면, 아랫사람들도 함께 눈물 흘렸습니다.

　헌칠하고 듬직한 두 아들이 빈소를 지키는 모습을 돌아가신

●　상식(上食): 상가에서 아침저녁으로 관 앞에 올리는 음식.

친정아버님(권질權礩)이 보셨다면, 저세상에서라도 눈물 흘리지 않으셨을까요? 저보다 하루라도 더 살다 가겠노라 입버릇처럼 말씀하시던 친정어머님도 마찬가지셨을 것입니다. 저는 세상에 태어나 부모님께 근심밖에 안겨 드린 게 없고, 특히 어머님께는 이 세상을 먼저 떠나는 불효까지 저질렀습니다. 그러나 당신이 계셨기에, 온전치 못한 딸을 두고 세상을 떠나신 아버님은 편히 눈감으실 수 있었습니다. 당신 가르침대로 아들 노릇 하는 준과 채가 있어, 어머님은 조금이나마 아픔을 더실 수 있게 되었습니다. 아, 당신은 저의 부모님께 끝까지 도리를 다하셨습니다. 도리를 다하셨습니다.

　건너편 산 그림자가 물 위에 더욱 넓고 짙게 드리워집니다. 갈맷빛 강물은 검푸른 빛을 띠며 점점 깊어져만 가고, 쏴아— 불어오는 바람도 더 먼 곳까지 갔다 돌아옵니다. 츠르륵, 쿨렁—, 뱃전을 두드리다 물속으로 뛰어드는 강물 소리도 더 크게 들려옵니다. 어둡고 컴컴한 강물 속, 소리도 빛도 닿지 않는 저 깊은 곳에는 사람들이 알지 못하는 또 다른 세상이 있을 것만 같습니다. 제 혼백이 닿을 세상도 그러할까요?

혼백이 되어

한편으로 신기합니다. 당신에게 이렇게 긴 이야기를 하고 있는 것이. 제 안에 이렇게 많은 말이 고여 있었다는 것이.

살아 있는 동안에는 누구와도 눈길 한번 제대로 맞춘 적 없었습니다. 목소리 한번 바로 내지 못했습니다. 제 눈동자는 멍하니 먼 데를 바라보고 움직이지 않거나, 돌연 이곳저곳을 불안스레 바라보았습니다. 걸음도 중심을 잡지 못해 흔들렸고, 아무 데서나 꼬꾸라지기도 했습니다. 갑작스럽고 새된 소리가 자주 터져 나왔고, 알아들을 수 없는 괴성을 지른 적도 많았습니다. 사람들을 놀라게 하거나 가까운 이들을 민망하게 만든 때가 한두 번이 아니었지요. 저의 호의는 다른 이들에게 낭패를 안겼고, 저의 호기심은 그들을 당혹스럽게 만들기 일쑤였습니다. 아마 당신도 저 때문에 그럴 때가 많았을 것입니다.

그런데 숨이 다해 혼백이 된 뒤로는, 비로소 보고 싶은 것을 바로 볼 수 있고, 하고 싶은 말도 마음속에서 제대로 길어 올릴 수 있게 되었습니다. 다른 사람의 마음이 짐작되기도 합니다. 저 상주들이나 이승의 사람들 누구도 제 말소리를 듣지 못하고 제 눈길도 느끼지 못하지만요. 하지만 영지산 작은 달팽이 집에서 저를 기다리시는 당신에게는 제 모습과 제 목소리가 닿을 것입니다. 생전에도 당신만이 저의 진정을 알아주고, 바로 보아 주신 것처럼. 몸을 벗어나 혼백이 되어 다른 세상으로 가려하는 지금도, 당신은 저를 알아보실 것입니다. 눈물 글썽이며 저를 어루만지시고, 저의 속말에 귀기울여 주실 테지요.

당신의 건강은 어떤가요? 올봄에 고향에 내려가신 뒤로 계속 편찮으시다기에 많이 걱정하였습니다. 저는 그간에 잘 지냈습니다. 이승을 떠나게 된 지금도 별반 미련 없이 차라리 홀가분합니다. 부모님뿐 아니라 모든 이에게 근심만 가져다주었던 저라는 존재가 스스로에게도 너무 버거웠나 봅니다.

이승의 고단했던 몸은 영구에 누워 남한강 위의 배에 실려 있지만, 저승으로 향하는 제 혼백은 이곳저곳을 훨훨 자유로이 넘나듭니다. 저희 뱃길을 되짚어가는 큰 배의 황포 돛대에 올라 보기도 하고, 저희처럼 동쪽 내륙으로 가는 소금배의 소금 가마니 위에도 앉아 봅니다. 물살에 실려 거침없이 나아가는 떼배의 행렬에 감탄하다, "어야, 에라노—", 떼꾼들의 우렁찬 소리를 따라해 보기도 합니다. 건너편 숲에서는 굴참나무 잎들이 와글거리며 손짓하는 아이들처럼 바람결에 반짝입니다. 저도 마주 손 흔들어 주었습니다.

다시 뱃전에 돌아와 준과 채의 곁에 한동안 머물렀습니다. 자식이라 해도 열 살 남짓 차이라 어렵기만 했습니다. 얼굴도 제대로 바라보지 못했지요. 하지만 당신의 가르침대로 아이들은 늘 저에게 공손하고 깍듯했습니다. 생시에도, 초상을 치르는 지금도, 조금도 꺼리는 내색 없이 어머니 대접을 해 주었습니다. 그간 드러내 보이지 못했으나, 정말 고마웠다는 마음을 바람에 실어 전해 봅니다. 제 마음이 가 닿은 걸까요? 문득 준이 눈을 뜨고 주위를 찬찬히 둘러봅니다.

배를 앞질러 아스라이 휘돌아 가는 강 저쪽으로 가 보았습니다. 이승의 사람들이 느끼는 멀고 가까움, 오래되고 새로움이 혼백이 된 지금 저의 세상에는 없습니다. 어느 곳이건 갈 수 있고, 어느 때에도 닿을 수 있습니다.

강을 지나 소백산 죽령 고개 너머 그립고도 그리운 곳, 예안 영지산 기슭 달팽이 집의 작은 방에도 살며시 들어가 봅니다. 어두컴컴한 방 안에서, 당신은 눈을 감고 벽에 기대어 계시는군요. 서울 집에서보다 주름이 더 늘고 많이 여위셨습니다. 보잘것없고도 짧은 제 삶에 더욱 마음 아파 그러신 듯합니다. 다시 말씀드리지만, 저는 괜찮습니다. 삼십 년 남짓했던 인생의 절반을 당신과 부부의 연을 맺고, 당신이라는 큰 나무에 기대어 함께 보낸걸요. 그러니 저 때문에 근심하시지 말기 바랍니다. 몸 상하시지 않기 바랍니다.

짧은 생애였지만 저도 모르게 마음에 새겨졌던 장면들을 다시 만나기도 합니다. 아버님의 유배지에서 당신을 처음 만났을 때, 친정에 환란이 닥치기 전 더 젊으셨던 아버님과 어머님의 모습, 서울 집에서 구김살 없이 보낸 어린 시절, 당신과 걷던 지산와사 뒤편의 작은 오솔길, 서소문 집에서 뱃속 아기와 보낸 지난봄과 여름…… 제 마음속에 일던 슬픔과 기쁨, 아픔과 불안, 감사와 안도가 오롯이 응결된 그 순간들을 다시 만납니다. 부자유스러운 몸과 병든 마음의 얽매임도 없습니다. 제 안에 온전히 담긴, 그래서 저라는 사람을 이루는 고유하고도 내밀한 순간들일 것입니다.

산등성이 위로 드리워진 하늘은 큰 새가 붉고도 보랏빛 나는 날개를 장엄하게 펼쳐 놓은 것 같습니다. 기울어 가는 해는 붉고 투명한 석류알을 한 움큼씩 강물 위에 던지다, 아예 와르르 쏟아 버렸나 봅니다. 일렁이는 강물에 석류알 같은 저녁 햇살이 부서집니다. 상주들의 생베 상복에도 잇다홍빛 저녁놀이 번집니다. 굴건*을 쓰고 바로 앉아 있는 준의 얼굴에 노을이 비껴 듭니다. 상중에 더욱 파리해진 채의 얼굴에도 스며듭니다. 홑겹 옷을 입고 뱃고물에 앉아 있던 아이종이 부르르 몸을 떱니다. 엊그제 처서가 지나서인지 저물녘부터는 선선하다 못해 제

● 굴건(屈巾): 상주가 상복을 입을 때 두건 위에 덧쓰는 건.

법 쌀쌀합니다.

멀리 보이는 나루터의 여각들이 하나둘 이른 등불을 밝히고 있습니다. 사공들과 상주들은 두런두런 다음 여정을 의논합니다. 아무래도 작정했던 여주 이포나루까지는 가지 못하고, 저 앙덕나루에서 묵어갈 모양입니다. 함께 오던 이웃 배들도 불 밝힌 나루를 향하여 차례로 뱃머리를 돌립니다. 영구를 실은 저희 배도 속도를 늦추어 뒤따라갑니다.

저녁놀의 불길은 스러져 가고 나루터에는 휘황한 불빛이 늘어만 갑니다. 나그네를 부르는 왁자한 소리도 드높아집니다. 홀로 외로운 처지의 혼백이라는 사실이 새삼 실감 납니다. 하지만 저에게도 동무가 있습니다. 남보랏빛 휘장이 드리운 서쪽 하늘에 아기별들이 하나, 둘, 모습을 드러냅니다. 저기, 아기 손톱 같은 초승달도 새로 돋아났습니다. 팔월 한가위 보름을 향해 가는 달이겠지요.

새각시 시절처럼 마음이 설렙니다. 초승달이 돋을 때면 남몰래 소원을 빌곤 했지요. 초승달이 점점 자라 환한 보름달로 차오르면, 불안하게 요동치는 제 마음도 저 둥근 달처럼 고요하고 잔잔해질 수 있게 해 달라고. 그러나 보름이 되어도 저는 좀처럼 달라지지 않았고, 산짐승 울음처럼 캄캄한 그믐으로 사위어만 갔지요. 그래도 새로 초승달이 돋으면 다시 설렜습니다. 이승을 떠나가는 지금도 여전합니다. 저는 소망합니다. 저 초승달이 보름달로 차오르기 전에 당신을 만날 수 있기를. 온혜 영지산 기슭, 당신 계시는 그곳에서 편히 깊은 잠에 들 수 있기를.

다홍빛 댕기

밤이 깊어 가면서 작은 여각의 등불은 차츰 빛을 잃어 갑니다. 시끌벅적한 다른 일행을 피해 들어간 여각은 후미진 골목 끝에 있습니다. 하필 운구* 배를 타고 온 상주 손님에 심드렁해진 주인 내외는 일찌감치 방으로 들어갔습니다. 나루터에서 가까운 큰 여각들의 불빛은 아직 환하고, 거나하게 취해 떠들썩한 목소리가 이곳 마당에까지 들려옵니다. 그 소리에, 초저녁부터 무료하게 엎드려 있던 개가 두어 번 "컹, 컹—", 짖습니다.

저녁상을 물린 뒤 상주 일행은 다시 잠들었습니다. 상중에 부대낀 피로는 자고 또 자도 풀리지 않는 모양입니다. 광나루

---

* 　운구(運柩): 시신을 넣은 관을 운반함.

에서 배에 오른 뒤로는 발품 들여 걸은 적도 없고 사람들 틈에 시달린 일도 없었지만, 강물 따라 이리저리 몸이 흔들리는 것도 몹시 고단했을 테지요. 뱃길은 이제야 시작인데 벌써 멀미를 하는 이도 있었습니다. 나루터에 배를 매어 놓고 뭍에 내릴 때는 다들 다리가 후들거린다 하였습니다. 뻣뻣한 무릎을 주무르며 조심스레 걸음을 떼면서 한마디씩 하더군요. "역시 사람은 땅을 밟고 살아야 해!"

비로소 땅에 발을 디딘 사람들은 몸도 마음도 편히 쉬고 있지만, 땅을 딛고 설 일 없는 혼백은 정처 없이 떠돕니다. 큰 여각 마당에서 술에 취해 주정 부리는 불콰한 얼굴들을 구경하다, 나루터에 매어 놓은 빈 뱃전에도 앉아 보았습니다. 아기버들 우거진 강변의 풀숲에서는 그악스럽던 개구리 울음 대신 가을벌레 우는 소리가 가느다랗게 들려오기 시작합니다. 계절이 다음으로 넘어가고 있는 걸까요, 아니면 본디로 되돌아가고 있는 걸까요? 강물은 우리가 떠나온 곳으로 도로 흘러가고, 날이 밝으면 우리는 강물이 떠나온 곳으로 또 거슬러 갈 것입니다.

물살을 거스르고 강의 상류로 배가 나아가는 것처럼, 떠나온 이승의 삶을 저도 되짚어 보고 있습니다. 그간에는 생각을 이어서 해 본 적이 없습니다. 간혹 떠오르는 것이라곤 그려 놓은 도화처럼 움직이지 않는 장면이었고, 그나마도 이리저리 흩어지는 조각에 불과했지요. 두어 가지라도 서로 연관을 지어 본다거나, 차근차근 수순을 생각해 보지 못했습니다. 그런데 배에 실려 상류의 한 방향으로 나아가는 흐름에 젖어서일까요? 두서없이 떠오르는 장면들이 어디에서 비롯되었는지 저도 기억의 근원으로 거슬러 올라가 보게 됩니다.

아무래도 당신 생각이 가장 많이 납니다. 뭉클하다고나 할까요? 마음속에 무언가 덩이로 머무르는 게 있고, 당신을 떠올리면 그 부근을 건드리는지 가슴이 뻐근해지곤 합니다. 함께 보낸 시간이 오래되었어도 당신 등 뒤에서 여름 햇살이 눈부실 때면 늘 마음이 저릿했지요. 아버님의 유배소에서 처음 만난 당신의 모습이 떠올라 그랬나 봅니다.

서울 집을 떠나 어머님과 함께 예안으로 내려온 지도 몇 해된 단옷날 즈음이었습니다. 어머님은 창포물로 제 머리를 감겨 주신 다음, 곱게 땋아 다홍빛 새 댕기를 물려 주셨습니다. 어릴 때 매던 폭 좁은 도투락댕기나 네모난 말뚝댕기 대신, 제비부리 모양으로 끝을 세모나게 접은 댕기였습니다. 귀한 비단에 탐스러운 모란꽃까지 수놓아져 있었습니다.

새 댕기를 드리고 문안 올리는데, 아버님은 착잡한 표정으로 오래오래 저를 바라보셨습니다. 다 큰 아가씨들이 하는 제비부리댕기가 어울릴 만큼 머리숱이 풍성해진 데다, 조만간 얹은머리를 해도 좋을 정도로 길게 자라기도 한 터였습니다. 더는 귀밑머리를 앙증맞게 땋아 맨 어린 딸이 아니었던 게지요. 그러나 보기와는 달리, 저는 여전히 열 살 안 된 아이에 머물러 있었습니다. 병이 오래가면서, 어쩌면 그보다 더 어린아이가 되어 버렸는지도 모릅니다.

어머님은 댕기 물린 머리를 등 뒤로 늘어뜨려 주셨지만, 저는 자꾸만 앞쪽으로 돌려놓았습니다. 댕기를 들여다보고 만지작거리느라 아침마다 곱게 빗겨 주신 머리카락이 헝클어져 버렸지만요. 보드라운 비단에 수놓은 모란꽃도 한참 들여다보았습니다. 화단에 핀 모란은 언뜻 보면 진분홍색이지만, 꽃잎을 자세히 들여다보면 가녘의 흰색부터 연한 분홍, 진한 분홍빛으로 점점 짙어집니다. 댕기의 꽃잎도 그처럼 색실을 달리하면서 찬란하게 피어 있었습니다. 희고 붉은 명주실의 감촉은 또 어찌 그리 부드러운지요. 더 가까이 보고 싶어 머리채 끝에 물린 댕기를 풀어 보았습니다. 기다랗고 보드라운 비단 댕기를 손에 감아 보다가, 세모난 제비부리 끝을 쥐고 바람에 나부끼도록 해 보았습니다.

삭막한 유배소라도 사방에 여름 신록이 한창이었습니다. 유배 죄인의 처소에 둘러놓은 탱자나무 가시 울타리가 제법 높았는데, 여름에는 섬뜩한 가시가 눈에 띄지 않았습니다. 탱자는 가지도 가시도 잎도 온통 초록색이었으니까요. 초록빛 울타리를 배경 삼아 길게 나부끼는 다홍빛 댕기, 그 위에 피어난 모란 꽃잎. 여름 마당에 햇살이 눈부시게 쏟아지고, 꽃송이는 바람에 하늘거렸습니다. 온몸이 나른해지며 눈꺼풀이 자꾸 내려왔습니다.

아아—.

스르르 손아귀에서 힘이 빠지며 나풀, 나비 날갯짓처럼 모란꽃 댕기가 날아올랐습니다. 갑작스러운 허전함에 놀라긴 했지만, 파란 하늘과 초록 울타리를 배경으로 유유히 유영하는 다홍빛 댕기는 무척 아름다웠습니다. 저처럼 훨훨 날아 보거나 헤엄쳐 보고도 싶었습니다. 하나 그 순간은 몹시 짧았고, 댕기는 이내 흙마당 위로 떨어져 내렸습니다. 모란꽃 송이도 꺾였습니다. 아앗, 놀라 일어서는 바람에 위태롭게 묶여 있던 제 머리칼도 흘러내렸습니다.

바로 그때였지요. 여름 햇살 내리쬐는 탱자나무 울타리 안으로 당신이 들어선 것은. 당신은 허리 굽혀 발밑에 떨어진 댕기부터 주우셨습니다. 저는 처음 보는 당신에게 쫓아가 댕기를 사납게 낚아채었습니다. 발을 구르며 무어라 고함도 질렀습니다. 오로지 제 다홍빛 댕기가 당신 손에 있는 것밖에 보이지 않

았으니까요. 그 소리에 놀라 달려오신 어머님이 제 손목을 끌지 않으셨다면, 더 봉변을 당하셨을지도 모릅니다.

돌이켜 보니 부끄럽습니다. 성난 얼굴에 괴이한 소리, 머리칼부터 온통 흐트러진 모습으로 당신을 처음 만났으니 말입니다. 당신도 당황하셨지만, 이내 담담한 표정으로 그대로 서 계셨습니다. 어머님께 떠밀려 방에 들어가면서도 저는 분이 안 풀려 다시 돌아보았습니다. 잠깐 눈이 마주쳤지요. 그런데 처음이었습니다. 저를 그렇게 바라본 사람은……

제가 흥분하여 괴이한 소리를 낼 때면 사람들은 깜짝 놀라거나, 딱하다는 듯 한참 살피거나, 아니면 얼굴 찌푸리며 외면했습니다. 손가락질하며 옆 사람들과 수군대기도 했지요. 저를 바라보실 때마다 늘 무겁고 슬프기만 한 부모님의 표정과도 달랐습니다.

그날 당신의 눈빛이 어떠했다고 할까요? 끝없이 높고 아득한 하늘 같기도 하고, 깊고 고요한 강물 같기도 했습니다. 한없이 커다랗고 부드럽고 흰 목화솜인 듯도 했습니다. 갈 곳 없는 티끌이 날아와 붙는 것도, 함부로 버려진 구정물이 스며들어 오는 것도 얼마든지 받아들이고 감당할 수 있다는 듯 담담하고 고요한 눈빛이었습니다.

정신을 놓은 뒤로 제게는 모든 것이 낯설었고, 하루에도 몇 번씩 새로 또 낯설어졌습니다. 사는 집도, 입고 있는 옷도, 멋대로 움직이는 것만 같은 제 몸도, 때로는 아버님 얼굴도……. 낯설기만 한 것이 아니라, 낯선 세상과 사람들이 오로지 저만을 밀어내는 것 같았습니다. 서 있는 곳이 숨 막히게 좁아져 오기도 했습니다. 저로서는 밀려나지 않으려 고함지르거나, 숨을 쉬기 위해 울부짖거나, 아니면 겁에 질려 도망쳐 버릴 수밖에 없었지요. 하지만 당신과 눈이 마주친 짧은 순간에는 달랐습니다. 고슴도치 가시처럼 늘 곤두서 있던 신경이 스르르 풀어져 내리고, 좁고 각박해만 보이던 마당이 순식간에 너그러이 넓게 펼쳐지는 듯했습니다.

사화로 집안이 풍비박산 나다

마당에서 부닥뜨린 것은 그날이 처음이었지만, 당신은 그 전에 저를 보신 적 있는지도 모릅니다. 안채가 따로 없는 작은 집이라, 어머님께 공연히 성화를 부리는 목소리도 들으셨을 겁니다. 제 병에 관해서도 이미 알고 계셨겠지요.

제가 태어나기 전부터도 저희 집안은 내내 살얼음판 위에서 지내 왔다고 합니다. 도승지와 관찰사까지 지내신 할아버님(권주權柱)은 갑자년(1504, 연산군 10)의 사화*에 연루되어 사약을 받고 돌아가셨습니다. 연산군의 어머니인 폐비 윤씨에게 사약이 내려질 때, 승정원의 신참 관리로서 왕명을 전했기 때문입니다. 이는 사림의 수많은 선비가 희생되었던 무오년(1498, 연산군 4)에 이은 두 번째 사화였습니다.

소식을 들은 할머님께서는 스스로 목매어 할아버님의 뒤를 따르셨습니다. 아들인 제 아버님마저 거제도로 유배되었습니다. 폭군이 쫓겨난 뒤에 할아버님의 억울함도 풀리고 아버님도 유배에서 풀려나셨으나 한 맺힌 죽음들을 되돌릴 수는 없었습니다. 두 분의 기일에는 유달리 침통했습니다. 할머님의 마지막 흔적이 남아 있는 집 안에서 어른들은 늘 숨을 죽이고 목소리를 낮추었습니다.

집안사람들의 표정이 조금이나마 밝아진 것은, 할아버님을 가장 많이 닮으셨다는 숙부님(권전權磌)이 성균관 유생이 되고 난 다음부터입니다. 숙부님은 기묘년(1519, 중종 14)에 실시한 현량과(賢良科)에도 급제하셨습니다. 숨은 인재를 널리 등용하고자, 돌아가신 조광조 어른이 중종대왕께 건의하여 실시한 과거라지요. 가문이나 파벌에 상관없이 진실로 실력 있는 인물들

● 　사화(士禍): 조선 시대에, 조정 대신들 및 선비들이 정치적 반대파에게 몰려 참혹한 화를 입던 일.

이 뽑혔기에, 현량과 출신들은 지금도 젊은 선비들에게 인정과 존경을 받고 있다 합니다.

하지만 저희 집안이나 조정이나, 환하고 평온한 시절은 오래 가지 못했습니다. 그해의 과거에 급제한 이들이 나랏일을 해 보기도 전에 사화가 또 일어났기 때문입니다. 대사헌 조광조 어른을 비롯한 수많은 선비가 죽임을 당했고, 현량과 급제자들은 자격을 박탈당했습니다. 무오년과 갑자년 사화의 참담했던 기억이 여전하건만, 불과 십오 년 만에 또다시 피비린내 나는 광풍이 불어닥친 것입니다. 끔찍한 사화를 일으켰던 폭군을 몰아내고 새로 옹립한 중종대왕 대에 같은 일이 또 벌어지고 보니, 사람들의 절망과 혼란도 한층 컸습니다. 이 나라에서 선비가 글을 읽고 소신을 펼치려 하면 결국 죽음의 길을 피하지 못하리라는 것을, 이십여 년의 세월이 잔혹하게, 그것도 여러 번 보여 주었지요.

숙부님은 젊은 관료들과 나서서 조광조 어른을 옹호하고, 죄가 있다면 함께 받겠다고 하셨습니다. 결국 이태 뒤인 신사년(1521)에 같은 운명을 맞이하셨지요. 기묘년의 일에 앙심을 품고 반역을 꾀하려 했다는 죄목이었습니다. 문초가 얼마나 가혹했던지, 체포된 지 나흘 만에 서른두 살의 젊은 나이로 돌아가시고 말았습니다. 거기에다 시신에까지 끔찍한 형벌이 내려졌습니다. 미처 할머님과 같은 선택을 할 겨를도 없었던 숙모님은 먼 곳에 관비로 끌려가셨습니다. 그리고 아버님은 아우의 일에 연좌되어 다시 유배형을 받았습니다. 이렇게 십칠 년 만에 집안이 또 풍비박산 나고 말았습니다.

때 이른 추위가 몹시 기승을 부리던 10월, 불과 며칠 사이에 벌어진 일이었습니다. 반역의 증거를 찾겠다며 마구잡이로 집 뒤짐을 하느라 세간은 함부로 내팽개쳐졌고, 거친 손길을 이기지 못한 문짝은 뜯겨 마당에서 굴렀습니다. 남자들은 모두 붙잡혀 가고, 여자들만 남은 집 안에 울음소리만 가득했습니다.

밤이 되자 흉가가 되다시피 한 집에 초겨울 바람이 더욱 사납게 몰아쳤습니다. 의논할 사람도 없이 그 모든 일을 혼자 감당하셔야만 했던 어머님은 넋을 놓다시피 하셨습니다. 울다 지친 저는 어머님 옆에 아무렇게나 쓰러져 잠들었습니다.

온몸이 으슬으슬해 눈을 떴습니다. 방 문짝이 떨어져 나간 자리는 휑하니 뚫려 있고, 그 너머로 소복 입은 여인이 어른거렸습니다. 한 번도 뵌 적 없지만, 대청 그 자리에서 삶을 마감하셨다던 할머님이라는 사실을 단박에 알아챘습니다. 숙모님도 계셨습니다. 생잡이로 끌려가실 때와 달리 수박색 치마에 연옥색 저고리를 입은 맵시가 여전히 고우셨습니다. 평소 귀애하시던 저를 보시며 웃음도 지으셨습니다. 반가운 마음에 숙모님께 가려 하는데, 산발한 머리에 온몸이 피투성이가 된 숙부님이 다가오셨습니다. 다시 보니 한 번도 뵙지 못한 할아버님 같기도 하고, 마지막 인사도 제대로 올리지 못한 아버님인 것도 같았습니다. 아, 숙모님은 고운 옷이 어느새 찢기고 머리카락은 흐트러진 채 온몸이 흙투성이가 되었습니다. 흙바닥 위 형틀에는 숙부님이 묶여 있었습니다. 기다란 몽둥이가 사정없이 내리칠 때, 숙부님의 마지막 비명이 터져 나왔습니다.

"으아악!"

"아악!"

저도 비명을 지르다 정신을 놓아 버렸습니다.

그대로 시간이 얼마나 더 흘렀는지 모르겠습니다. 눈을 뜨면 상심으로 파리해지신 어머님의 얼굴이 보이고, 그 너머 대청에는 참혹한 모습의 집안 어른들이 서성였습니다. 저는 그만 또 까무러쳤습니다. 온통 열꽃 핀 얼굴은 벌겋게 달아올랐고, 입에서는 알 수 없는 소리나 비명이 터져 나왔습니다. 진땀으로 옷자락은 물론 이부자리마저 마를 새 없이 눅눅했습니다. 이대로 어린 딸마저 잃어버릴지도 모른다는 두려움에 어머님까지 정신을 놓으실 지경이었습니다.

이듬해 봄에야 저는 겨우 일어나 앉을 수 있었습니다. 오래전부터 손꼽아 기다려 온 열 살이 되던 해였지요. 하지만 막상 그 나이가 되었을 때, 저는 지난날의 어린 소녀가 아니었습니다. 동자 큰 눈에 호기심이 가득하다며, 아버님이 아끼시던 쾌활하고 영민한 딸이 아니었습니다. 제 눈동자는 더는 슬기롭게 빛나지 않았고, 얼굴에 웃음기도 가셨습니다. 낯빛도 흐리멍덩해진 데다 가끔 괴성을 지르며 허둥지둥 숨을 곳을 찾기도 했습니다. 다른 사람을 의식하지도 분별하지도 못했습니다.

갑자년에 있었던 일은 집안 어른들께 들은 이야기였지만, 기묘년에 이은 신사년의 환란은 제 눈으로 똑똑히 보고 겪은 끔찍한 일이었습니다. 환한 웃음 지으며 귀애해 주시던 어른들이 참혹한 형상으로 끌려가고, 언제나 윤기 돌던 집이 삽시간에 스산한 흉가가 되고 말았습니다. 한편으로는 그 모든 일이 도무지 현실 같지 않았습니다. 어느 게 현실이고 어느 게 악몽인지도 분간할 수 없었습니다. 그해의 끔찍했던 기억들을 감당하기가 너무 버거워, 저는 아예 기억을 담는 정신이라는 그릇을 통째로 놓아 버렸는지도 모릅니다.

어머님은 멍이 들도록 가슴을 치고 또 치셨습니다. 초점 없는 눈동자로 하염없이 앉아만 있는 저를 붙들고 날마다 눈물 바람이셨습니다. 그러다 유배지에 계신 아버님에게로 내려갈 결심을 하셨습니다. 사람들의 발길이 끊기고 아랫사람들마저 흩어진 흉흉한 집에서 어머님 혼자 저를 감당하실 수도 없었겠

지요. 또한 두 번이나 환란이 몰아쳐 온 서울 집에 아무런 정
도 미련도 없으셨을 것입니다. 끝까지 지키고 있어 봐야 가족
이 떨어져 지내는 날만 길어질 뿐, 거듭 역적이라 낙인찍힌 집
안이 회복될 가망도 없었습니다. 유배지의 초라한 집에서나마
식구가 함께 지내는 것이 아버님에게도, 저에게도 더 나으리라
판단하신 것입니다.

몇 달 만에 예안 유배소에서 어머님과 저를 만난 아버님은
눈물을 쏟으셨습니다. 길 위의 흙먼지에 부대낀 저희 모녀의
초라한 행색 탓만은 아니었습니다. 어머님께 걱정을 자주 들을
정도로 웃음소리가 크고 명랑하던 딸의 모습을 찾아볼 수 없었
던 탓입니다. 흐릿한 제 눈동자는 아버님과 시선을 맞추지 못
하고 때에 전 바람벽 위를 의미 없이 오갈 뿐이었습니다. 예상
보다 더 험악한 거처에서 부쩍 늙고 몸이 상하신 아버님을 보
며 어머님도 눈물 흘리셨습니다. 낯선 유배지에서의 생활이 두
분의 눈물로 시작되었습니다.

"내 딸을 거두어 주시지 않겠는가?"

아버님의 유배소를 찾는 사람은 많지 않았습니다. 아직 사화

의 서슬이 푸르던 때는 가까운 안동 풍산의 종가에서조차 안부 묻기를 주저할 정도였습니다. 할아버님에 이어 아버님과 숙부님에게까지, 저희 집안에 연이어 닥친 환란에 마음 아파하던 선비들 몇 분만 간혹 들르셨습니다. 그중에서도 당신 형제들은, 특히 넷째 아주버님과 당신은 집안 어른께 문안드리듯 아버님을 찾아와 세상일을 이야기하고 말벗이 되어 주셨습니다. 험한 시절에 보기 드문 의리라며 부모님은 늘 고마워하셨습니다.

댕기를 떨어뜨렸던 단옷날 무렵 처음 만난 뒤에도 몇 번 더 당신을 보았습니다. 어머님은 각별히 조심시키셨지만, 남녀가 내외하려야 할 수 없는 작은 집이었지요. 사람도, 벌어진 일도 마음에 새겨 기억하지 못하는 저였지만, 당신에게만은 달랐습니다. 왠지 반가웠습니다. 잠깐 눈이라도 마주치면 공연히 사나운 표정부터 지었지만, 지나쳐 가다가도 궁금해서 한 번 더 돌아보곤 했습니다. 여전히 목화솜 같은 눈빛이셨지요. 당신이 지니고 온 화평하고 따스한 기운이 온 집안에 어렸습니다. 그런 날만큼은 저도 고약한 성미를 부리지 않았고, 어머님도 한결 수월한 하루를 보내셨습니다. 당신이 공부하러 봉화 청량산에 들어가시거나 서울 걸음으로 한동안 뜸하시면, 괜스레 온 식구가 기다리는 마음이었습니다.

1530년 정월, 아버님이 유배지에서 보낸 세월도 십 년째 되던 설 즈음이었습니다. 평소보다 아버님은 더 침울해 보이셨습니다. 무심히 흘러간 하루하루가 어느새 십 년이 되어 간다 하니 예사로운 마음이 아니셨을 테지요. 거기에다 저 때문에 근심이 크셨습니다. 혼인하기에 적당하다는 과년(瓜年)을 넘긴 지도 오래였고, 혼인할 시기가 지났다는 과년(過年)에 이른 지도 한참 되었기 때문입니다.

여느 해와 마찬가지로 당신이 새해 인사를 오셨습니다. 그날따라 어머님은 향긋한 동백기름까지 발라 가며 제 머리를 오래오래 빗겨 주셨습니다. 늘 입던 색 바랜 노란 저고리 대신 풀색저고리도 새로 지어 입혀 주셨습니다. 몸놀림을 함부로 하지 않고 가만히 있노라면 제법 얼굴색이 차분하게 보이게도 하는 빛깔이었습니다.

세배를 마친 뒤, 다담상*을 앞에 두고 아버님과 당신은 이야기를 나누셨습니다.

"그래, 집안도 평안하고 어른들도 다 무고하신가?"

"예, 염려해 주신 덕분에 모두 평안하십니다. 봉사*어른께서도 새해에는 더욱 강녕하시기 바랍니다."

굳이 해배(解配)나 귀향이라는 말은 서로 꺼내지 않으셨습니

---

* 　다담상(茶啖床): 손님을 대접하기 위하여 내놓은 다과 따위를 차린 상.
* 　봉사(奉事): 조선 시대 종팔품 벼슬.

다. 첫 번째 유배지였던 거제 섬에서 풀려난 지 십오 년 만에 다시 예안으로 유배되신 아버님은 해배에 대한 기대나 미련을 갖지 않으셨습니다. 부모와 형제에게 일어난 끔찍한 일을 차례로 겪었기에 일신의 구속쯤에는 연연하지 않으셨던 것입니다. 그러한 아버님의 마음을 당신도 헤아리셨을 테지요.

아버님께서 먼저 어렵게 이야기를 꺼내셨습니다.

"얼마 전에 돌아가신 부인의 기제를 치렀다는 소식은 들었네. 아이들이 어리니 이젠 자네도 얼른 마음을 정해야겠구먼. 혹 어른들과 의논해 둔 곳이 있는가?"

"아직……. 집안에서 따로 말씀이 없었습니다."

대답하는 당신의 목소리가 쓸쓸했습니다.

삼 년 전에 전부(前婦)가 산후더침으로 돌아가셨는데, 지난 동짓달에 두 번째 기일을 맞은 것입니다. 새해에 장남 준은 여덟 살, 태어난 지 한 달 만에 어머니를 여읜 채도 네 살이었습니다. 아직 어린 아들들을 생각하면 마땅히 재혼을 서두르셔야 했습니다.

"자네도 알다시피 내가 유배 죄인으로 보낸 세월이 어느새 십 년이라네. 내 한 몸이야 이곳에 있건 어디에 있건, 아무러하건 어떻겠는가. 억울하게 세상을 떠난 아버님과 아우를 생각하면, 살아서 이 세월을 겪고 있는 게 오히려 욕될 뿐이지……."

아버님은 눈을 감았다 다시 뜨고는 말을 이으셨습니다.

"내자•에게도 면목 없네만, 한번 맺은 부부의 연이라 어쩔 수 없겠거니 여기고 있네. 하나, 자식의 일은 그렇게 되지 않는구면. 아들이 있어 멸문(滅門)의 오욕을 겪지 않은 것이 천만다행이라고들 하네만, 부모 마음에 딸, 아들이 다르겠는가? 딸이라고 오욕이 없겠는가? 총명하던 아이가 더구나 저렇게 되고 말았으니……. 이제는 나도 늙어서인지 자꾸만 마음이 조급해지고 걱정이 몰려온다네. 이대로 풀려나지 못하고 눈 감는다 해도 나는 괜찮네. 하지만 나 떠나고 제 어미마저 가고 나면, 천애 고아로 남을 딸아이가 걱정일세. 온 세상이 다 아는 것처럼 몰락한 가문에 정신도 온전치 못한 아이라, 혼기가 한참 넘어도 어디 말을 꺼내 볼 데가 없네."

"……."

긴 이야기를 마치신 아버님은 한참을 묵묵히 계셨습니다. 그러다 다시 결심하신 듯 말씀을 이었습니다.

"이보게! 염치없는 소리라는 걸 잘 알고 있네만……, 자네가 내 딸을 거두어 주시지 않겠는가? 한번쯤 생각이라도 해 보시지 않겠는가?"

•   내자(內子): 남 앞에서 자기의 아내를 이르는 말.

그러고는 후유, 크게 숨을 내쉬셨습니다. 차마 꺼내기 힘든 이야기라 무척 긴장하셨나 봅니다. 부모님은 모든 일에 지나칠 정도로 염치를 차리고 조심스러워하시는 분들이었는데, 그만큼 저의 일이 절박하셨던 걸까요? 아니면 고요하고 넓은 당신의 성품을 믿고 어떤 이야기라도 꺼내 볼 용기를 내신 걸까요?

뒤에 아버님은 어머님께 말씀하시기를, 벼르기만 하던 이야기를 꺼내고 보니 일단 후련했다 하셨습니다. 하지만 속에 담아 둔 말이 밖으로 나와 막상 아버님 귀로도 듣고 보니, 도무지 되지 않을 소리라 얼굴이 붉어졌다고도 하셨지요.

당신의 아내가 되어

당신은 아무 말씀도 하지 않으셨습니다. 워낙 뜻밖의 이야기였으니까요. 어린아이들을 두고 세상을 떠난 젊은 아내로 여전히 비통한 심정이었고, 다시 혼인할 생각도 그때까지는 진지하게 해 보시지 않았을 것입니다. 저와의 연분에 대해서는 더구나 생각해 본 적도 없었을 테지요.

골똘히 생각에 잠겨 있던 당신이 마침내 입을 열었습니다.

"예, 그렇게 하겠습니다. 먼저 어머님께 여쭈어 허락을 받고, 예를 갖추어 다시 찾아뵙겠습니다."

그 말에 아버님은 깜짝 놀라셨습니다. 오래 담아 둔 이야기를 일단 꺼내 보았을 뿐, 승낙을 기대한 것은 아니었습니다. 생각해 보겠노라며 얼버무리거나, 에둘러 거절당하는 것도 각오하셨다 합니다. 어쩌면 그날로 당신 형제와 소원해질지 모른다는 것도 말입니다. 그런데 당신은 선선히 그렇게 하겠다고 말씀하신 겁니다.

어머님은 그 이야기를 전해 듣고 눈물지으셨지요. 설사 혼사가 이루어지지 않아도 괜찮다고 하셨습니다. 당신이 그리 말해 준 것만으로도 되었다고, 고맙다 하셨습니다.

과연 머지않아 당신 집안에서 기별이 왔습니다. 신랑 측에서 신부의 집안과 혼인을 하게 되어 기쁘다는 뜻이 담긴 납채서(納采書)를 정식으로 보내온 것입니다. 바야흐로 신부 측의 혼주(婚主)가 되신 아버님조차 당황하실 정도였습니다. 이어 신랑의 사주단자(四柱單子)가 오고, 얼떨떨한 마음이 가시지 않은 채 저희 집에서도 좋은 날을 정해 택일단자를 보냈습니다.

당신 집안에서는 여러 가지를 많이 배려해 주었습니다. 혼서지도 함도 조용히 보내왔습니다. 여러 손님을 떠들썩하게 맞이할 수 없는 저희 형편을 고려하신 것이지요. 신랑이 아니라 혼인을 세세히 준비하는 신부 쪽인 양, 보내온 예물에는 당신 어머님의 깊고도 자상하신 마음이 담겨 있었습니다. 때로 당신이 직접 오시기도 하였습니다. 당신을 보면 박하 잎을 물고 있는 것처럼 종일 마음속까지 화했습니다. 당신도 제가 식구 같은 느낌이 들어서였을까요? 예전처럼 한 발짝 물러나 거리를 두지 않고 빙그레 웃으셨습니다.

혼인날을 받은 뒤로 친정어머님은 바빠지셨습니다. 반닫이와 고리짝을 뒤져 얼마 되지도 않은 옷들을 모두 꺼내 놓고, 그런대로 쓸 만한 것들을 골랐습니다. 한숨도 내쉬셨지요. 바늘땀을 다 뜯어서 옷감을 손질하고, 새로 마름질하여 제가 입을 옷들을 지으셨습니다. 혼례상을 차릴 때도, 부릴 아랫사람이나 와서 도울 집안사람이 없어서 혼자 애쓰셔야만 했지요.

암울하고 삭막한 유배소였지만, 혼인하던 날만큼은 늦봄 햇살이 마당 구석구석까지 고루 비추어 주었습니다. 화려하지는 않았으나, 양가 어머님의 배려와 수고로, 볼품없이 초라한 정도는 아니어서 다행이었습니다. 성치 않은 딸을 시집보낸 뒤에 유배소에 쓸쓸히 남아 계셔야만 했던 저희 부모님께는 더 위안이 되었을 것입니다.

보통은 혼인하고 첫아이를 낳을 때까지도 친정에 머무르는 경우가 많지만, 가시 울타리 쳐진 유배소에서 그럴 수는 없었습니다. 사흘째 되는 날, 아침 일찍 새신부를 태우고 갈 가마가 왔습니다. 생전 처음으로 저는 부모님의 슬하를 떠나게 되었습니다. 처음 보는 꽃 같은 가마에 온통 정신이 팔릴 법했는데, 아버님의 쓸쓸한 눈빛과 어머님의 눈물이 마음에 걸렸습니다. 가마에 올라서도 옆 미닫이창을 열고 자꾸만 유배소 집을 돌아보았습니다. 울타리 안쪽에 서 계시던 부모님의 모습이 점점 작아져 보이지 않게 되자 울음이 터져 나오려 했습니다.

그때 당신이 말에서 내려 옆으로 다가오셨습니다. 그러고는 가마와 나란히 서서 걷기 시작했습니다. 부모님의 모습은 보이지 않았지만, 당신이 제 옆에 계셨습니다. 가마꾼들의 걸음 따라 몸이 흔들리면서도, 내내 창을 열어 놓고 당신만 바라보았습니다. 부모님 슬하를 떠나온 두렵고도 막막한 마음에, 당신이 주는 든든함이 새로 자리를 잡아 갔습니다.

온혜, 당신 집으로 가는 길에는 크고 작은 물줄기가 내내 이어졌습니다. 제법 큰 시내인가 하면, 징검돌 대여섯 개를 밟고 건너거나, 때로는 장정이 한달음에 건너뛸 만한 폭의 물줄기였습니다. 온혜에는 늘 따스한 물이 흐르고 땅도 따스해, 한겨울에도 눈이 오래 쌓여 있지 않는다 하셨지요. 당신과 혼담이 오가면서 저희 집에서도 '온혜'라는 말을 자주 하였습니다. "온혜", 소리 내어 말하노라면 마음속에 온기가 스며들고 무거운 근심이 스르르 풀리는 듯했습니다. 제가 떠난 뒤로 친정 부모님이 말씀하시는 '온혜'에는, 딸을 향한 그리움과 사위가 곁에 있어 안도하는 마음이 담겨 있었을 것입니다.

마을에 들어서니 그늘진 아버님의 유배소와는 달리 봄이 무르익어 있었습니다. 따스한 기운에 길가 나무들도 한층 무성하고, 초록은 더 선명하게 윤기를 띠었습니다. 어머님이 계시고 앞으로 저도 당신과 함께 지내게 될 삼백당(三栢堂) 집에는, 당신 형제 내외분들이 와 계셨습니다. 이 집의 주인이자 서울에서 대궐 일을 하시던 넷째 아주버님만 안 계셨지요. 당신이 막내기에 모두 손윗사람들이었습니다. 새사람을 맞이하는 어른들의 표정이 그리 밝지는 않았지만, 예를 다해 주셨습니다. 남다른 저를 보며 아랫사람들이 수선 떨 법도 한데 다들 묵묵히 할 일을 하였습니다. 은근하고 정중한 집안 분위기에, 새로운 곳에서 갈지자로 내달릴 법한 저의 병증도 주춤하였습니다.

처음 보는 어멈의 부축을 받아 가며 어머님께 서투른 절을 올렸습니다. 여러 형제에게는 한꺼번에 절하게 하셨습니다. 한숨 돌리며 자리에 주저앉자 어머님이 말씀하셨습니다.

"예까지 오느라 애썼다. 처음이라 낯설겠다만, 이제부터는 네 집이니 편히 지내거라."

저를 바라보시는 어머님의 눈빛은 따뜻하고 고요하였습니다. 무언가 사람을 편안하게 끌어당기는 힘이 있어, 어려운 처지의 새 며느리임에도 저는 한동안 마주 바라보았습니다. 이제부터 저의 집이라는 말씀이 진심으로 다가왔고 든든했습니다.

그날의 일을 생각하니 새삼 궁금합니다. 당신은 어떤 생각으로 저와 혼인하셨는지요? 표현한 적은 없으나 그 물음은 제 마음 속 어딘가에 내내 있었습니다. 차마 묻지는 못하셨으나, 친정 부모님도 궁금히 여기셨을 것입니다.

아내를 여읜 뒤 새로운 배필을 맞이하는 일을 속현(續絃)이라 합니다. 거문고나 비파의 끊어진 줄을 다시 잇는다는 뜻이지요. 악기의 현이 끊어져 소리가 나지 않으면 새로 줄을 구해 잇듯이, 아내를 여의면 다시 새 아내를 맞이하는 것을 당연하게 여겨서 나온 말입니다. 당신처럼 어린아이들이 있는 경우에는 더욱 서두르지요. 아이들을 훌륭히 키워 줄 만한 현숙한 규수를 널리 물색하여, 탈상하자마자 새로 혼인하는 것이 보통입니다. 어쩌면 당신 집안에서도 혼처를 알아보시던 중이었는지도 모릅니다. 그러한데도 아이들을 돌보기는커녕 스스로도 건사하지 못하는 저를 어찌 배필로 택하셨는지요? 어머님께 여쭈어 승낙을 받겠노라고 하셨는데, 어머님은 어떤 심정이셨을까요? 어떻게 저와 같은 사람을 아들의 배필이자, 어린 손자들의 어머니, 그리고 한 가문의 며느리로 맞이하신 걸까요?

어버이가 되어 주신 어머님

돌아가신 어머님을 떠올리니 다시 마음이 저릿해집니다. 당신과의 첫 만남처럼 제 마음속에 간직된 장면이 또 하나 있습니다. 혼인한 뒤 노송정(老松亭) 큰댁에 가서 처음 제사 지내던 날입니다.

할아버님의 기일이라 일찌감치 근동의 자손들이 다 모여 집안이 분주했습니다. 안채 부엌에서는 제수 준비로 기름 냄새가 쉴 없이 풍겨 왔고, 바깥사랑에서는 안부를 주고받는 어른들의 말소리가 끊이지 않았습니다. 제사의 규모나 참석한 제관들, 제수 준비도 대단했습니다. 유배소에서 올리던 친정의 초라한 제사와는 비교되지 않는 정도여서 웬만한 명절 같았습니다. 북적이는 집을 보노라니, 오랜만에 어릴 때 살던 서울 집 생각도 났습니다. 아버님과 숙부님 그리고 여러 친지로 명절이나 제사 때면 친정집도 제법 흥성거렸지요.

위아래 할 것 없이 종종걸음으로 다들 바빴습니다. 하릴없이 앞마당에서 뒷마당으로, 또 뒷마당에서 앞마당으로 오락가락하는 사람은 저밖에 없었습니다. 아무도 제게 일을 맡기지 않았고, 들어가 끼일 데도 없었습니다. 연두저고리에 다홍치마 차림으로 한껏 새 며느리 티를 내면서도 그저 어정대고만 있었습니다. 영문을 모르는 사람은 이상히 여겼을 것입니다.

제수가 한 가지씩 마련될 때마다 소반에 담아 안채 대청에 정돈해 두었습니다. 자정 즈음에 제청이 마련되고 나면, 바깥 어른들이 조동율서*니, 이동시서*니 가려 가며 제상을 차리실 것입니다. 초저녁이라 더운 음식은 아직 나오지 않았고, 여러 종류의 과실이 준비되어 있었습니다. 제수 물목으로 들어온 과실 중에서도 가장 크고 보기 좋은 것들을 골라 놓았는데, 제철 전인 귀한 것도 많았습니다. 저는 휘둥그레진 눈으로 마당에 서서 진귀한 과일들을 구경하였습니다. 그러다 대청 위로 올라 갔습니다.

한입 베어 물면 달콤한 과즙이 입 안 가득 고이는 배를 저는 가장 좋아합니다. 어쩌다 배가 생기기라도 하면 친정어머님은 고이 간직했다 깎아 주셨고, 아버님도 슬그머니 제게 양보해 주셨습니다. 가을이 아니면 구경하기도 어려웠고, 더구나 유배소 집에서는 먹어 본 지도 오래되었습니다. 그런데 대청의 소반에 놓인 배는, 친정어머님이 깎아 주시던 것의 두어 배는 될 만큼 크고 탐스러웠습니다. 더구나 한 개도 아닌 여러 개를 층층으로 높다랗게 괴어 놓았지요. 삼가야 한다는 생각도 들었지

- 조동율서(棗東栗西): 제사상을 차릴 때 대추는 동쪽에, 밤은 서쪽에 놓는다는 말.
- 이동시서(梨東柿西): 제사상을 차릴 때 배는 동쪽에, 감은 서쪽에 놓는다는 말.

만, 그보다 손이 먼저 나갔습니다. 덥석, 가장 위에 괴어 놓은 배를 움켜쥐었습니다.

"에구머니!"

손질한 포를 들고 부엌에서 막 나오시던 큰댁 형님이 놀라 소리 질렀습니다. 그 소리에 더 놀란 사람은 저였습니다. 얼결에 손을 거두긴 했으나 위에 놓여 있던 배는 이미 중심을 잃었고, 급기야 모두 무너져 내리고 말았습니다.

"이를 어째!"

형님은 더욱 놀라셨습니다. 제물에 먼저 손대는 것도 불경한데 바닥에 구르게까지 했으니까요. 마당을 오가던 이들도 놀라서 한마디씩 했고, 그 바람에 안팎 어른들까지 다 나와 보셨습니다.

"저런!"

"쯧쯧!"

못마땅한 얼굴로 다들 한마디씩 하셨습니다. 편치 않은 눈길이 모두 저를 향했습니다.

무언가 큰 잘못을 저질렀다는 것은 저도 알 수 있었습니다. 그러나 놀라고 민망할 때면 왜 그리 사나운 표정부터 먼저 나오는지요. 누군가 나무라기라도 하면 드세게 공격해 버릴 요량으로, 저는 잔뜩 날을 세우고 있었습니다. 앙칼진 표정으로 모두를 노려보았습니다.

그때 어머님이 부엌에서 나오셨습니다. 그리고 형님께 낮은 목소리로 말씀하셨습니다.

"다시 내오너라!"

어머님은 몸소 구르는 배를 주워 소반에 담고, 따로 보자기에 싸 두셨습니다. 그런 뒤 제게로 눈을 돌리셨습니다. 언짢고 노여운 기색을 띠고 계실 줄 알았는데, 신행* 와서 처음 인사 올릴 때와 마찬가지였습니다. 고개를 끄덕이며 한참을 바라보시던 따뜻한 눈빛 그대로였습니다. 제풀에 잔뜩 도사리고 있던 제 마음도 스르르 풀렸습니다.

그날 밤, 제 방에는 커다란 배가 담긴 둥근 소반이 놓여 있었습니다. 제사와 음복을 마치고 들어오신 당신이 손수 배를 깎아 제게 주셨지요. 새 며느리가 제수에 먼저 손댄 일을 알고 계셨을 텐데 어떤 나무람도 하지 않으셨습니다. 남부끄럽고 속상한 마음을 애써 삭이는 기색도 없었습니다. 그제야 저는 입 안에 차오를 배의 단물을 기대하며 마음 놓고 크게 한입 베어 먹었습니다. 당신은 저를 보며 가만히 웃으셨습니다. 안채 마당에서 뵌 어머님의 눈길 그대로였습니다. 그러고 보면 언제나

•　신행(新行): 혼행. 혼인할 때에, 신랑이 신부 집으로 가거나 신부가 신랑 집으로 감.

흔들림 없이 담담한 당신 눈매는 어머님과 닮았습니다.

무슨 생각으로 저와 혼인하셨는지 궁금히 여기다가 이내 그 날 일이 떠오른 것은, 당신과 저 사이에서 주고받은 무언의 물음이요, 대답인 것만 같습니다. 굳이 말로 설명하시지 않고 또 단박에 알아듣지 못하더라도 말입니다. 어머님과 당신은 배필을 구하는 마음으로 저와 연을 맺으셨다기보다는, 집 안에 깃든 작은 생명체처럼 자연스럽게 저를 받아들이셨던 것입니다.

당신이 첫돌이 되지도 않았을 때 아버님께서 돌아가셨다고 들었습니다. 오랜 세월을 어머님 홀로 집안 살림과 일곱 남매의 훈육을 감당하셔야만 했지요. 한낱 배움 없는 여인네라며 어머님은 늘 겸양하셨으나, 세상의 이치와 사람의 도리에 관한 깨우침은 여느 선비 못지않으셨습니다. 넷째 아주버님과 당신이 과거에 급제하여 벼슬길에 나가게 되었을 때도 기뻐하시기보다 거듭되는 세상의 환란에 근심하셨습니다. 머나먼 시골의 부인이지만 학문하는 선비들이 수난당하는 현실을 바로 보고 계셨던 것입니다.

환란 속에서, 혹은 환란을 초래해 자신의 이익을 얻으려 하는 사람들에 대해서는 굳이 말하지 않겠습니다. 아예 외면하는 이들도 마찬가지입니다. 그래도 세상에는, 벌어진 환란을 근심하고 그 와중에 고통을 겪는 이들을 안타깝게 바라보는 사람들도 있으니까요. 하지만 그들 또한, 환란의 당사자들과는 적당히 거리를 두고서 동정하거나 염려합니다. 자신의 울타리에까지 환란이 밀고 들어오지 않도록 방비를 든든히 한 다음, 그 안에서 바깥을 바라보며 근심하는 것이지요. 막상 환란이 닥쳐올 것 같으면 한 걸음 물러서고, 환란을 겪고 있는 이들이 하필 자신의 울타리 부근에 다가오면 모른 척합니다.

그러나 어머님은 내 집 울타리를 높이 쌓아 두고 그 안에서만 평안을 구하려 하지 않으셨습니다. 고통을 겪는 이들이 가까이 다가올 때, 뒷걸음치거나 담을 더 높이 쌓지 않으셨습니다. 환란 속에서 수많은 선비가 애석하게 희생되고, 그 바람에 난도질당한 가족들의 삶에 마음 아파하셨습니다. 폐족*으로 날개가 꺾인 자손들이 좌절하고, 그로 인해 유배지의 어버이가 비통해한다는 이야기가 들리면 무척 안타까워하셨지요.

저와의 혼인도 그러했습니다. 다른 사람의 아픔이 마음을 두드릴 때 외면하지 않고 같이 아파하신 것처럼, 힘겨운 유배지의 삶에 딸의 일로 더욱 고통을 겪고 계신 제 부모님의 아픔도 헤아리셨습니다. 그러고는 함께 어버이가 되어 실제로 그 아픔을 덜어 주려 하셨지요. 세상이 잘못되었다고 말하기는 쉬우

---

* 폐족(廢族): 조상이 큰 죄를 짓고 죽어 그 자손이 벼슬을 할 수 없게 됨. 또는 그런 족속.

나, 그로 인한 고통을 나누겠다고 기꺼이 나서기란 쉽지 않을 것입니다. 하지만 어머님은 더불어 감당하시겠다는 마음으로 저를 받아들이셨습니다. 당신은 그러한 어머님의 아들이었지요. 그리하여 저는 온혜에서, 당신과 어머님께 기대어 지내게 되었습니다. 비바람을 피해 처마 밑에 날아든 작은 새처럼, 바람에 쓸려 다니다 볕 좋은 담장 아래에 기댄 꽃씨처럼.

해마다 살갗에 소름이 돋아나고 찬바람이 불어오기 시작하면, 저는 거르지 않고 열병에 시달렸습니다. 그 무렵에 서울 집에서 끔찍한 일들을 겪어서일 것입니다. 몇 날 며칠을 호되게 앓았는데, 저를 구완하시느라 친정어머님마저 몸져누우실 지경이었습니다.

그런데 온혜의 따스한 물이 제게도 스며든 것일까요? 너른 들판 같은 당신에게 기대어 마음을 놓은 것일까요? 신기하게도 온혜에 온 뒤로는 초겨울의 열병을 앓지 않았습니다. 혼인하던 그해, 찬바람이 불어오기 시작하자 친정어머님은 잠을 이루지 못하셨다고 합니다. 여느 때처럼 제가 앓고 있으리라 여기신 게지요. 생소한 집에서 혼자 열병에 시달릴 딸 생각에 몹시 애태우셨습니다. 별 탈 없이 건강히 지낸다는 당신의 기별을 받고, 그제야 마음 놓으셨다 합니다. 아마 그 소식이 전해지던 날, 친정 부모님은 가슴을 오래 쓸어내리며 눈물 글썽이셨을 것입니다.

산기슭 달팽이 집

혼인한 이듬해에, 가까운 영지산 기슭에 작은 집을 짓고 저희는 분가하였습니다. 한적한 곳에서 조용히 공부에 몰두하고 싶다며, 어머님께 허락을 구하셨지요. 지금 돌아보니, 저로 인해 벌어지는 크고 작은 소동이 편치 않으셨는지도 모른다는 생각이 듭니다. 당신 곁에서 많이 좋아졌다고는 해도 저는 여전히 대하기 힘든 사람이었습니다. 때와 장소를 가리지 않는 저의 고집에 집안사람들이나 아랫사람들에게 민망해지신 적도 많았을 것입니다.

영지산에 새로 낸 집은 삼백당과도 가까워서 어머님께 자주 문안드릴 수 있었습니다. 마을에서 멀지 않으면서도 한번 들면 깊은 산중처럼 사방이 고요하고 한적했지요. 산 아래로 낙동강에서 갈라져 나온 분강(濆江)이 굽이지며 흘러가고, 그 위에 드리운 아침의 안개와 저녁의 노을이 무척 아름다웠습니다.

산에서는 평평한 집터를 찾기 어려워, 비탈진 땅이나마 집이 들어설 만하게 겨우 다듬었습니다. 북쪽이 낭떠러지로 이어져 아쉬웠지만, 대신 남쪽으로 시원스레 트여 해가 잘 들었습니다. 두 칸 방은 사람이 겨우 들어가 앉을 만한 크기에 천장도 나지막했습니다. 멀리서 보면 비탈길을 힘겹게 오르는 작은 달팽이의 집 같다고들 했습니다. 당신도 웃으며 '와사(蝸舍)', 달팽이 집이라 하셨지요. 지산와사, 영지산 기슭의 작은 달팽이 집.

지산와사에서 지낸 지 얼마 안 되었을 때입니다. 유달리 저녁놀이 길고 오래 비끼던 날이었습니다. 분강 물결이 노을빛에 색색으로 반짝이다 멀리 휘돌아 간 뒤, 신비롭고 그윽한 빛을 띤 밤하늘이 수많은 별로 치장하고 모습을 드러내었습니다. 보름을 향해 가고 있는 반달도 그 위에서 환히 빛났습니다. 저문 강가나 길섶에는 작은 풀꽃들이 별처럼 흐드러져 있었겠지요.

초저녁부터 산 아래 풍경을 바라보고 계시던 당신이 말씀하셨습니다.

"날마다 산을 보고 달이 뜨는 것을 바라보며 살게 되었으니, 무엇을 더 바라겠소? 나는 이제 꿈을 다 이루었소."

그러고는 모처럼 활짝 웃으셨지요.

저도 영지산의 작은 달팽이 집에서 지내는 것이 좋았습니다. 아버님의 유배소도 산기슭에 이어져 있었지만, 그늘이 짙어 어두웠습니다. 유배소로 쓰이면서 여러 사람의 한숨이 배어서 그런지 어딘가 음울했지요. 어머님이 내려와 지내시면서 조금 나아졌다고는 하나, 그래도 오래 묵은 그늘을 완전히 지우지는 못했습니다. 하지만 영지산 달팽이 집은 산 중턱의 햇살 잘 드는 곳에 있었고, 시원스레 트여 있었습니다.

발아래로 보이는 풍경처럼 제 마음도 구겨지거나 막힌 데 없이 탁 트이는 듯했습니다. 가슴이 답답해 자주 깊은숨을 몰아쉬던 것도 덜했습니다. 무엇보다 저를 보고 놀라는 사람들의 눈길도 없고 돌아서서 수군대는 소리도 없어서 좋았습니다. 저를 염려하는 마음도 버겁긴 마찬가지입니다. 분별할 줄 모른다하나, 사람들이 저를 멀리하고 그들이 세워 놓은 벽 안에 절대들이지 않는 것은 느낄 수 있었습니다. 그럴 때마다 화가 치밀어 오르며 저는 더 사나워졌지요. 그러면 사람들은 또 놀라 더욱 거리를 두곤 했습니다.

하지만 산속에는 그러한 벽이 없었습니다. 살림을 보아주는 어멈이나 심부름하는 아이가 더러 오갈 뿐, 제 곁에는 늘 큰 나무처럼 묵묵한 당신이 계셨습니다. 사람들 사이에서 저만 팅겨 나가는 듯한 벽이 느껴지지 않으니 괴이한 성미를 부릴 일이 줄어들었습니다. 얼굴을 일그러뜨리며 화낼 일이 적으니 표정도 부드러워졌습니다. 그대로 되돌릴 수야 없었겠지만, 어릴 때 건강하던 모습을 조금이나마 찾았는지도 모릅니다.

아침상을 물린 뒤에 당신이 건넌방 '선보당(善補堂)'에서 책을 펼치면, 저는 달팽이 집 서쪽 오솔길로 향했습니다. 휘리리릿, 산새 소리가 먼저 반겨 주는 숲길에 들어서면 어깨가 스르르 내려가고 마음이 편해졌습니다. 풀과 꽃과 나무처럼 저도 두드러질 것 없이 숲의 한 부분이 된 듯했습니다. 좀 더 깊숙이 들면, 그곳에 깃들어 사는 산새와 다람쥐와 노루처럼 저도 산의 일부가 되었습니다. 때로 청설모나 아기 노루와 눈이 마주치기도 했는데, 사람들이 저를 바라볼 때의 특별한 눈길이 아니었습니다. 그저 나무를 바라보듯, 꽃을 바라보듯 덤덤하게, 그러나 아기다운 호기심도 띤 눈동자로 바라보아 주었습니다.

지금쯤 달팽이 집 작은 오솔길에는 으아리가 한창이겠지요? 어느새 꽃이 지고 열매를 맺고 있을지도 모르겠습니다. 흰 털이 붙어 있는 열매는 꽃과 그리 다르지 않고, 흰 꽃에는 잎의 초록색이 스며들어 서로 두드러지지 않았습니다. '으아리'라는 이름도 당신이 가르쳐 주셨지요. 처음에는 작고 앙증맞은 꽃에 안 어울리는 이름이다 싶었습니다. 하지만 꽃인 듯, 풀인 듯, 나무인 듯, 무심한 모습에 걸맞다는 생각도 들었습니다. 제게서 자주 터져 나오는 의미 없는 소리 같기도 했습니다. 온몸이 마비되어 걷지 못하는 사람을 으아리가 낫게 해 주었다고도 하는데, 그 여린 몸 어디에 사람을 살리는 기운이 담겨 있을까

요? 새삼 신기하고 놀라워 들여다보았지만, 무리 진 덩굴 꽃은 그저 예사로웠습니다. 하늘도 바람도 햇살도, 사람을 살리는 모든 것이 그러하듯.

늦도록 제가 돌아오지 않으면 당신이 숲으로 찾아오셨습니다. 호젓한 산길을 천천히 걷기도 했고, 때로 평평한 바위에 앉아 쉬곤 했습니다. 숲에서 저는 유배 죄인의 정신을 놓아 버린 딸도 아니고, 당신의 남다르고 모자란 아내도 아니었지요. 무심히 풀꽃을 바라보고 새소리를 들으며 저마다 생각에 잠긴, 그저 산에 사는 사람이었습니다.

산 아랫마을에서 저녁연기가 피어오르는 풍경을 보며 우리는 함께 집으로 돌아왔습니다. 한결같은 소찬으로 차린 밥상이었지만, 달고 맛있었습니다. 소반을 행주로 훔치고, 달그락거리며 개숫물에 설거지도 제법 하였습니다. 제 눈매는 순하게 내려앉았고, 얼굴빛도 편안해졌습니다. 사람에게서나 자연에게서나 다독임만을 받아서였겠지요.

그러나 내내 산에서만 지낼 수는 없었습니다. 일 년 뒤인 1532년 가을에, 당신은 대과°에 응시하기 위해 서울로 올라가셔야만 했지요. 그다음 해 봄에는 성균관에 들어가 한동안 계

● 　대과(大科): 조선 시대 과거 시험의 하나.

셨습니다. 과거 공부나 벼슬길에 별반 생각이 없으셨지만, 먼저 대궐에서 일하시던 넷째 아주버님의 간곡한 권유를 따르기로 하신 것입니다. 형님을 도와 집안을 일으키고, 어머님을 걱정 없이 편안히 봉양하기 위해서였습니다.

당신이 예안에 계시지 않으니 저도 지산와사에서 내려와, 어머님과 함께 삼백당에서 지내게 되었습니다. 잘 지내다가도 당신이 그립고 달팽이 집이 몹시 그리울 때면, 또다시 알 수 없는 성미가 나왔습니다. 그럴 때마다 집안사람들이 무척 애를 먹었지요. 제 마음을 짐작하신 어머님은 한동안 지산와사에 다녀오게도 해 주셨습니다. 일하는 아이도 딸려 보내고, 여러 가지를 살뜰히 챙겨 주셨지요. 하지만 솔바람처럼 맑고 그윽하게 저를 바라보시던 당신의 눈빛을 대신할 수는 없었습니다.

여전히 저는 산속 작은 달팽이 집이 그립습니다. 8월 초승달은 그곳에도 떠 있고, 남한강 나루터의 이 별들이 영지산 밤하늘에도 가득하겠지요. 지금도 아침이면 발아래에 안개가 자옥하고도 신비로운가요? 저물녘 분강에 비낀 노을은 여전히 슬프도록 아름다운가요? 아아, 달팽이 집 작은 마당에서 아침 안개와 저녁놀, 밤하늘의 달과 별을 당신과 함께 바라보고만 싶습니다.

2

예안을 떠나 서울에서

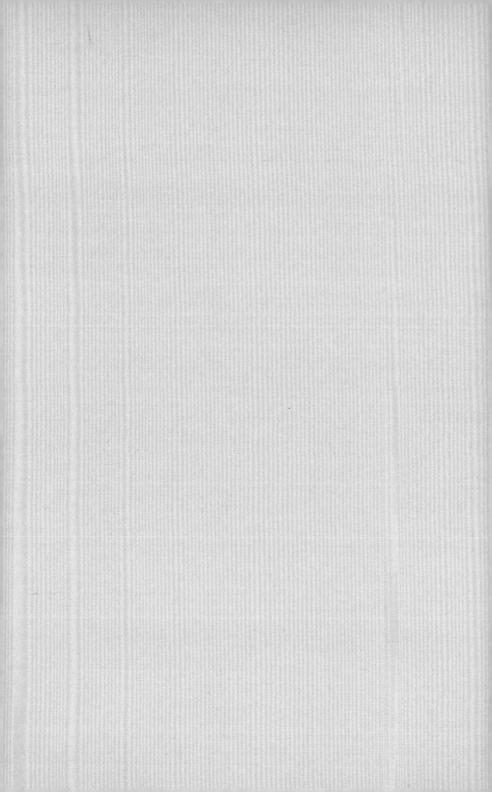

여강은 굽이져 흐르고

어둑새벽부터 사공의 지시에 따라 출발을 서둘렀습니다. 엊저녁에 운구 일행 대접을 소홀히 했던 게 미안해진 여각 주인은 아침상이며 주먹밥까지, 이모저모 바지런하게 신경 써 주었습니다. 사립문을 나선 영구가 다 지나갈 때까지 깊숙이 고개 숙여 인사도 하더군요.

이슬아침에 바짓부리를 적시며 나루터에 도착하니, 서서히 물안개가 걷히고 강도 깨어나고 있습니다. 하늘 한번 올려다보고 손끝으로 부는 바람을 가늠해 보는 사공의 얼굴에도 웃음이 번집니다. 오늘 뱃길은 순조로울 것 같습니다.

아침 강은 평화롭습니다. 양쪽 강기슭의 풍경이 멀찍이 떨어져 있는 것을 보니 강폭도 한결 넓어진 듯합니다. 여주 부근의 남한강은 흐름이 장대할 뿐 아니라 인근에 고루 스며들어 그 땅이 비옥하고 풍경도 아름답습니다. 여주 사람들은 고을을 가로지르며 흐르는 이 강을 사랑하여 '여강(驪江)'이라 부른답니다. "여강", 소리 내어 불러 보면 휘돌아가는 강물이 아득해 보이고, 물결 위에 부서지는 아침 햇살이 더 아련한 것도 같습니다.

강이 흘러가는 것처럼 풍경도 흘러갑니다. 강 숲에는 아직 여름이 남아 있고, 초록 수풀이 끊긴 자리에는 드문드문 은모래 밭이 눈에 띕니다. 뱃전에서 부서지는 흰 물거품처럼, 저 은빛 모래밭 역시 강물이 쏟아 놓았겠지요. 두 발과 다리에서 느껴지는 피로감 없이, 그저 배에 실려 끝없이 나아가노라면 불안한 마음이 일기도 합니다. 그럴 때 강변의 수풀과 먼 산의 나무들처럼 뿌리내린 것들이 끊임없이 따라오는 모습을 보면 왠지 든든해집니다. 언젠가 이 여정은 끝이 나고, 우리도 땅에 발을 딛고 마침내 뿌리를 내리게도 될 테니까요.

간밤에 묵어가려 했던 이포나루가 보입니다. 번화한 나루터답게 뱃전을 오가는 사람들과 바꿈배들의 흥정이 한창입니다.

서해 포구에서부터 싣고 온 소금이나 젓갈과, 내륙의 산간에서 가지고 온 콩과 팥, 보리와 담배 등을 바꾸어, 다시 각자 온 곳으로 돌아가는 것입니다. 강폭이 넓어지면서, 이포나루를 지나니 배들이 더 늘었습니다. 우리처럼 상류로 향하는 배도 그렇고, 반대로 도성으로 향하는 배는 한층 많아졌습니다.

초록 수풀, 흰 모래밭, 나루터, 오가는 배들……. 한동안 비슷비슷한 풍경이 이어집니다. 그러다 왼편 하류 쪽의 강 숲 너머로 난데없이 기와지붕의 용마루가 눈에 들어옵니다. 강을 내려다보는 벼랑 위에 키 큰 벽돌탑이 우뚝 솟아 있고, 그 아래 강변의 너른 바위 위에는 삼층석탑이 서 있습니다. 산중이 아닌 강가에 절이 있는 것도, 절집 마당이 아닌 강변의 벼랑과 바위에 탑이 서 있는 것도 신기합니다. 천 년이 되어 가는 세월을 그 자리에 서서, 굽이져 흘러가는 여강과 오가는 배들을 묵묵히 바라보고 있는 여주 신륵사입니다. 큰물이 날 때마다 두려움에 떨던 강 마을 사람들과, 뭇 중생을 염려하는 부처님의 마음이 만나 세워진 절과 탑입니다.

뱃사람들은 강가에 우뚝 솟은 신륵사 탑을 보며 급류에 대비하고 남은 뱃길을 가늠했다 합니다. 절과 탑이, 이 부근에서 남한강 물줄기가 급격히 휘어지니 든든히 방비하라고 알려 주는 등대 역할을 하는 셈입니다. 또한 신륵사 탑이 보이면, 강원과

충청의 상류에서부터 내려온 배들은 이제 도성이 머지않았음을 짐작했다고 합니다. 반대로, 상류를 향해 거슬러 가는 배들은 도성에서 멀리 벗어났다는 생각에 마음이 허전하기도 했겠지요.

건너편 배 안에서 저 탑을 바라보는 사람들은 어떤 마음일까요? 공무로 먼 곳까지 나왔다가 성안으로 되돌아가는 관리들은 대궐이나 관청에 보고할 업무를 떠올릴 테지요. 장사꾼들은 싣고 온 물건들을 점검하고 본격적으로 펼쳐질 큰 거래들을 그리며 이문이 얼마나 될까 셈할지도 모릅니다. 무시무시한 여울과 급류를 거쳐 이곳까지 온 떼꾼들은 얼른 도성의 나루에 짐을 부려 놓고, 무사히 집으로 돌아갈 날만을 고대할 것입니다.

역적의 사위

십여 년 전, 저도 예안을 떠나 서울로 올라오던 때가 생각납니다. 몹시 두렵고 복잡한 마음이었습니다. 도성이 가까워질수록 어찌 그리 싫기만 하던지요. 서울 집에서 당신이 기다리고 계시다는 것도 위안이 되지 않았습니다.

1534년 봄, 당신은 대과에 급제하여 대궐 일을 하게 되었습니다. 근원을 찾고 이치를 탐구하는 학문에 좀 더 몰두하고 싶으셨을 텐데, 번거로운 관직의 길에 들어선 심정이 편치만은 않으셨을 것입니다. 형제가 연이어 과거에 급제하고 벼슬을 하게 되자 주변에서는 다들 부러워했습니다. 향리에만 묻혀 있던 집안이 다시 일어나게 되었다며 대소가(大小家) 어른들도 모두 기뻐하셨지요. 무엇보다 이제는 당신 식솔도 챙겨야만 했습니다. 언제까지 형님 댁에만 맡겨 둘 수는 없었습니다.

서울로 올라와 지내라는 당신의 기별에 저는 깜짝 놀랐습니다. 두려운 마음에 다시 움츠러들기도 했습니다. 하필이면 그 끔찍한 일들이 벌어졌던 서울이라니요? 제가 멀쩡한 정신이었대도 도무지 받아들이지 못했을 것입니다. 왜 우리가 서울에서 지내야만 하는 건가요? 당신은 왜 친정아버님과 숙부님처럼, 아침저녁으로 관복을 입고 관모를 쓰고 대궐을 드나드는 그 생활을 하려 하시나요? 그러한 나날 뒤에 기다리고 있는 일은 과연 무엇일까요?

온혜에서 지내며 좋아졌다 싶었던 저의 병은 도로 나빠졌습니다. 찬바람이 불어오려면 아직 멀었건만 다시 열병을 앓았습니다. 소식을 듣고 놀라 찾아오신 친정어머님께 두서없이 하소연하고 눈물 바람도 오래 했지요.

집안에 경사가 났는데도 안식구가 우는소리만 하고 있으니,

온혜의 어른들도 난감해하셨습니다. 서울에서 기별이 온 뒤로 시간이 꽤 흘렀고, 봄이 다 지나가도 저는 요지부동이었지요. 먼 길 떠날 짐을 꾸리는 낌새가 보이기만 하면 다 헤집어 놓고, 눈을 홉뜨고 발작을 일으키기도 했습니다. 자애로우신 어머님의 간곡한 당부도, 친정어머님의 눈물 어린 설득도 통하지 않았습니다. 서울에서 마냥 기다리시는 당신에게도 큰 근심거리였을 것입니다.

그 무렵, 소쩍새 소리가 구슬프게 들려오던 늦은 밤이었습니다. 사람들의 눈을 피해 친정아버님이 제 처소에 찾아오셨습니다. 혼인한 딸의 집에 기별도 없이, 더구나 유배소를 함부로 떠날 수 없는 처지의 아버님이시기에 더욱 뜻밖이었습니다. 저야 그러한 사리 분별이 되지도 않았지만요. 그저 반가운 마음에, 어린 시절처럼 응석 부리듯 한바탕 눈물을 쏟으려 하던 참이었습니다.

그런데 아버님 눈에 먼저 눈물이 맺혔습니다. 아버님은 붉게 충혈된 눈으로 저를 바라보시며 힘주어 말씀하셨습니다.

"네가 가야 한다. 가서, 옆에 있거라. 부디 편케 하여라."

짧지만 거역할 수 없는 당부였습니다. 그 말씀만 거듭하시고, 이내 아버님은 밤길을 도로 밟아 가셨습니다.

아버님이 그처럼 어려운 걸음을 하셨던 것은, 당신이 대궐에 들어가자마자 처가 일로 크게 곤란을 겪고 있었기 때문입니다. 당신의 첫 관직은 예문관 검열에 춘추관의 기사관이었습니다. 전하 가까이에서 실록의 기초가 되는 그날그날의 기록을 맡는 일로, 관료라면 누구나 부러워하는 자리입니다. 그만큼 당신의 학식과 문필이 인정받은 것이었지요.

하지만 불과 이틀 만에 임용이 취소되었습니다. 당신은 사관[•]이 될 자격이 없는 사람이라고 했습니다. 십여 년 전에 대역 죄인으로 참형되신 제 숙부님의 이름이 거론되었고, 그 형이자 당신의 장인인 아버님이 아직도 유배 죄인이라는 사실을 새삼 들추어 냈습니다. 역적 집안의 사위가 대궐에 들어온 것도 망극한데, 더더구나 역사를 기록하는 사관이 될 수는 없다 했지요. 심지어 당신을 그 자리에 추천한 관료들까지 죄를 물어 파직시켰습니다.

이러한 일을 만든 사람은 당시의 우의정 김안로였습니다. 자신의 아들이 왕실의 사위인 부마라는 점을 믿고 잔혹하게 권력을 휘두르는 사람이었습니다. 김안로는 예안에서 멀지 않은 영주에 전장[•]을 가지고 있었는데 인근 고을의 당신이 관직에 들

• 　사관(史官): 역사의 편찬을 맡아 초고(草稿)를 쓰는 일을 맡아보던 벼슬. 예문관의 검열 또는 승저원의 주서를 이른다.
• 　전장(田莊): 개인이 소유하는 논밭.

게 되었으니 당연히 먼저 찾아올 줄 알았나 봅니다. 그런데 인사가 없자 괘씸하게 여겨 조정을 들쑤신 것이라 합니다. 대궐에서 자신의 힘을 과시하고, 호락호락 손안에 들어오지 않는 신참 관료에게 본때를 보여 줄 작정이었을 것입니다. 권력자에게 기대려 하거나, 권세를 내세우는 이에게 쉽게 머리 숙일 당신은 아닙니다. 하지만 저희 집안과 연을 맺지 않았다면, 관직에 들어선 초반부터 그런 치욕까지는 겪지 않아도 될 일이었습니다.

영예와 하례로 가득해야 할 첫 관직을 구설과 오욕으로 출발했으니, 참으로 면목 없게 되어 버렸습니다. 어쩌면 저와 혼인을 결심하면서 이미 각오하신 일이었는지도 모르겠습니다. 친정아버님도 근심은 하셨겠으나, 딸을 염려하는 절박한 마음에 길게 생각하지 않으셨을 테지요.

그런데 우려하신 일이 실제로 벌어지고 만 것입니다. 아버님은 미안하고 죄스러운 마음에 안절부절못하셨습니다. 공연히 욕심을 부려 창창한 당신의 앞길을 막게 되었다며 자책도 하셨지요. 저희 집안 때문에 참담한 일을 겪게 된 것도 면목 없었는데, 게다가 저의 고집으로 당신과 집안의 근심이 더해 가고 있었습니다. 친정아버님으로서는 가만히 계실 수만은 없었을 것입니다.

물론 그 같은 정황을 제가 다 이해하지는 못했습니다. 하지만 어떠한 처지에도 곡진한 마음만은 그대로 전해지는 법입니다. 갑작스러운 친정아버님의 걸음, 애가 타서 까맣게 마른 아버님의 얼굴, 저를 바라보시던 간곡한 눈빛과 간절한 음성……. "옆에", "편케"라 하시던 말씀이 아버님이 가시고 난 뒤에도 밤새 방 안에 깔려 있었습니다.

혼자 되뇌어 보았습니다. 당신 옆에, 당신을 편케……. 제가 옆에 있는 것이 과연 당신을 편케 하는 일인지는 알 수 없지만, 당신이 원하시는 일이니 따르는 게 옳을 것입니다. 하긴 부족한 저를 어머님이나 집안사람들에게 맡겨 두고만 있는 것이 당신 성미에 편치 않았겠지요. 차라리 곁에 두고 당신이 감당하시는 것이 더 마음 편하셨을 겁니다. 당신 옆에, 당신을 편케. 저는 되뇌며 고개를 끄덕였습니다. 어쩌면 할 수 있을 것도 같았습니다. 그다음 날부터, 제 눈치를 보며 이삿짐을 꾸리는 아랫사람들을 방해하지 않았습니다.

이윽고 떠날 준비가 되어 어머님께 하직 인사를 올렸습니다. 어머님은 애틋한 눈길로 저를 바라보며 말씀하셨습니다.

"서울살이가 그리 오래가지 않을 것이다. 준이 아비 성품에 대궐 일이 맞지 않을 터이니……. 힘들더라도 당분간 잘 견디도록 해라."

예전부터 어머님은 자주 이야기하셨습니다. 고지식한 당신에게는 세상살이가 맞지 않으며, 세상도 당신의 올곧은 성품을 받아들이지 않을 것이라고. 과거에 급제하고 대궐에 들어가게 되었을 때도 반가워하시기보다는, 높은 벼슬을 하려 들지 말고 고을로 나가는 게 낫다고 하셨습니다. 권세가들의 다툼이 치열한 속에서 꼿꼿이 버티다 화를 당할까 염려하신 것이지요. 친정아버님의 간곡한 눈빛과, 오래가지 않으리라는 어머님의 위로를 가슴에 담고 저는 당신이 계신 서울로 향했습니다.

멍에 멘 망아지 신세

근 일 년 만에 서울 서소문 집에서 만난 당신은 몹시 마른 데다 지쳐 보였습니다. 저를 보며 환히 웃으셨지만, 오래가지 못했습니다. 어둡고 그늘진 당신의 표정이 제게는 낯설기만 했습니다. 온혜에서도 체기가 가시지 않는 증세로 자주 힘들어하셨는데, 아예 고질병이 되었는지 얼굴이 까맣게 타 있었습니다.

당신은 끝내 사관이 되지는 못했지만, 외교 문서를 맡아보는 승문원에 다시 발령 받아 일하고 계셨습니다. 승문원에서는 이내 능력을 인정받고 한 단계 승진도 하신 터였습니다. 첫 임용에서 불미스러운 일이 있긴 했지만, 누구나 부러워하는 대궐 일을 하고 계시니 얼굴이 좀 더 환해도 되었을 텐데요.

성균관에서 유생으로 계실 때도 다 그만두고 고향에 내려갈 생각을 여러 번 하셨지요. 오로지 과거 급제와 출셋길에만 관심 있는 동료 유생들, 과거에만 대비하는 성균관의 교육에 실망하셨기 때문입니다. 넷째 아주버님이 조금만 더 참고 견디라고 간곡히 말리지 않으셨다면, 아마 그리하셨을지도 모릅니다.

대궐에 들어와서도 실망스럽긴 마찬가지였습니다. 잦은 사화로 움츠러든 관료들은 그저 엎드려 제 한 몸 지키느라 바빴습니다. 학문하는 사람의 기본이기도 한, 배우고 탐구한 책 속의 이치를 실제의 나랏일에 써 볼 의지가 전혀 없었습니다. 이제까지 해 오지 않던 일을 새삼 하겠다고 나서면 질시의 대상이 되었고, 환란이 일어나면 화가 쏟아질 과녁이 될 따름이었습니다. 게다가 빈번한 자리다툼으로 사람이 갈리고 또 갈리니, 어떤 일을 마음먹고 진득하게 추진해 나갈 수도 없었습니다.

그때 당신이 승문원에서 하시던 일은 중국이나 일본, 여진 등 나라마다 다른 사대°와 교린°의 정책에 맞게 외교 문서를 검토하고 작성하는 것이었습니다. 틈틈이 담당 관리들에게 실

- 사대(事大): 약자가 강자를 섬김.
- 교린(交隣): 이웃 나라와의 사귐.

무도 가르치셨지요. 날마다 산더미 같은 문서와 씨름하면서 빈틈없이 업무를 수행했지만, 자주 회의를 느끼기도 하셨습니다. 자구의 형식과 문체를 다듬고, 잘못된 문장이나 글자를 바로잡느라 쉴 새 없이 붓을 놀려야 했을 뿐, 독서하고 생각할 틈이라고는 전혀 없었으니까요.

날마다 묘시*에는 입궐해 계셔야 했는데, 그러자면 해가 뜨기도 전에 집을 나서야만 했습니다. 그리고 어둑해져서야 돌아오셨습니다. 대궐에서 숙직도 잦았지요. 관복을 입고, 관모를 쓰고, 새벽 어스름이 드리운 골목길로 나서는 당신의 얼굴은 늘 어두웠습니다. 어깨를 늘어뜨리고 지친 표정으로 돌아오실 때도 마찬가지였습니다.

그렇게 보내던 어느 봄날이었습니다. 모처럼 입궐하지 않고 쉬시는 날이었건만, 일찍부터 마당을 둘러보셨습니다. 온혜 노송정이나 삼백당 집에 대면 서소문 집은 마당이랄 것도 없었지요. 그래도 당신은 틈날 때마다 뜨락 가꾸는 데 몰두하셨습니다. 삭막한 서울 생활에서 잠시라도 눈을 두고 마음 붙일 데는 뜨락의 꽃이고 나무였으니까요.

당신의 손길이 닿은 마당에는 봄이 한창이었습니다. 섬돌에

•   묘시(卯時): 아침 다섯 시에서 일곱 시.

는 애기풀들이 돋아나기 시작했고, 앵두꽃은 불그스름하고 향기로운 눈처럼 바람에 난분분히 흩날렸습니다. 밤사이 나무 아래 떨어져 내린 하얀 오얏 꽃잎들은 파도처럼 은빛으로 뒤척였습니다. 잠이 덜 깬 아이종은 마당을 쓸며 자꾸만 눈을 비볐습니다.

아름다운 봄날의 뜨락을 바라보는 당신의 가슴에 절로 시구가 떠올랐습니다. 눈처럼 날리는 꽃잎과 고운 새들의 지저귐을 노래하다, 객지에서 어영부영 세월만 보내고 있는 쓸쓸하고 갑갑한 심정에도 닿았습니다.

> 세월은 잠시도 머물러 주지 않으니
> 그윽한 회포 서글퍼 말 못 하겠네.
> 삼 년을 서울서 봄 맞으니
> 답답한 게 멍에 멘 망아지 신세.
> ─이황, 「봄을 느끼다(感春)」에서

당신이 사무치게 그리워하는 것은 낙동강가의 한적한 고향 마을, 온혜였습니다. 온혜에도 봄은 무르익어, 산과 들과 사람과 작물이 모두 깨어나 저마다의 일을 하고 있을 테지요. 서울에서 봄을 맞은 지 삼 년, 어느새 당신은 대궐을 떠나 고향으로 돌아가리라는 생각을 하고 계셨습니다.

>   내 집은 맑은 낙동강 상류
>
>   한적한 마을에서 즐겁게 지낸다네.
>
>   이웃들은 봄농사 짓고
>
>   닭과 개는 울안 지키지.
>
>   고요한 자리에 놓인 책과 그림들,
>
>   강 언덕에는 안개와 노을 비끼네.
>
>   시냇물의 물고기와 새들,
>
>   소나무 아래 학과 원숭이 정겹구나.
>
>   좋아라, 산중의 사람들이여.
>
>   돌아가 나도 술이나 받았으면.
>
>   ─이황, 같은 시에서

서소문 집 안주인

정작 저는 그처럼 두려워했던 것과 달리 서울에서 지낼 만했습니다. 온혜의 따스한 물줄기를 떠나오기는 했지만, 그 대신 한결같은 당신의 온기가 곁에 있었습니다. 대궐 일로 지치고 힘든 가운데에도 제게만은 따뜻한 눈빛으로 말 건네주시곤 했지요.

온혜 큰댁에서 지낼 때는 사실 그리 편안하지만은 않았습니다. 어머님은 자상히 대해 주셨지만, 본래 넷째 아주버님 댁인데다가 층층이 식구도 많았습니다. 그 가운데 저만 섞이지 못하고 늘 겉도는 기분이었지요. 당신이 곁에 없어서 더욱 그랬을 것입니다. 어머님의 엄한 눈길 아래, 형님들이나 장성한 조카들이 무례하게 대하지는 않았지만, 어딘가 거리감이 있었습니다. 시중을 들어 주고 제가 저지른 실수나 사고를 수습하는 아랫사람들마저 편치 않고 어려웠습니다. 온혜의 모든 식구에게 저 역시 껄끄럽고 성가신 손님 같았겠지요.

서소문 집은 온혜 삼백당보다도, 어릴 때 살던 서울 집보다도 못했습니다. 비좁은 골목에, 작고 허름하기로는 비슷비슷한 셋집이 붙어 있었습니다. 그래도 양반가의 구색을 갖추느라 안채와 사랑채를 따로 두기는 했습니다. 덕분에 작은 마당이 한층 줄었지만요. 대궐과 가깝지도 멀지도 않은 서소문에는, 저희처럼 지방에서 올라온 신참 관료 가족이 많이 살았습니다. 어서어서 관직이 올라 녹봉을 더 많이 받고, 안국방이나 가회방처럼 고관들이 사는 북촌으로 이사 가는 것이 이웃들의 바람이었지요.

저는 비좁고 허름한 이 집이 차츰 편안해졌습니다. 비로소 저의 집이라는 생각이 들었다고나 할까요? 온혜의 큰댁에서는 얹혀 지낸 처지였습니다. 부모님 슬하에서야 그저 기대어 살아온 것이었고요. 당신과 단둘이 지낸 지산와사는, 집이라기보다는 식구들과 따로 떨어져 임시로 지내는 별채 같았습니다. 그러나 여기서는, 이 집의 엄연한 당주(當主)이자 바깥주인으로 당신이 계시니, 어설프고 모자란 저도 안주인이 된 것 같았습니다. 비로소 한 집안에 저의 자리가 생긴 것이지요. 그것도 당신의 옆자리 말입니다.

당신과 지낸 날들을 돌이켜 볼 때마다 참 고맙습니다. 안주인 구실을 기대할 수 없는 사람임에도, 반드시 제게 먼저 일러 집안일이 되어 가도록 하셨습니다. 기제사를 비롯한 집안의 대소사를 일깨워 주셨고, 당번이나 숙직 등 당신의 대궐 일정도 알려 주셨습니다. 집에 필요한 물품을 챙기고 마련하는 일도 제가 있는 자리에서 의논하고 계획하셨습니다. 당신이 그리 대해 주시니, 아랫사람들도 우선 제게 고한 뒤에 집안일을 해 나갔습니다. 돌아서서는 한숨 내쉴지 몰라도, 제 앞에서는 찌푸리는 기색 없이 안주인으로 대해 주었습니다. 이렇듯 집 안에서 존중을 받으니, 저도 나름으로 노력하게 되었습니다. 살림을 맡아 하는 어멈의 도움을 받아 가며 당신의 입궐과 퇴궐 옷

차림에 신경 썼고, 때로 부엌에 나가 상차림도 살폈습니다.

어둑새벽부터 입궐 준비를 하시던 어느 날이었습니다. 관복을 갖추어 입고 나가려던 당신은, 생각난 듯 도포를 꺼내 펼치셨습니다. 그리고 찢어진 부분을 가리키며 말씀하셨습니다.

"여기 좀 꿰매 주시오. 퇴궐 후 갈아입고 나가야 할 것이니."

당신에게는 여벌이 별로 없었습니다. 넉넉지 못한 살림인 데다 워낙 검소하신 성품이었지요. 더는 수선하기 어려울 정도로 낡아야만 새로 마련하도록 허락하셨습니다. 그러다 보니 관복이나 도포, 의복이나 버선을 바느질할 일이 잦았습니다. 제가 아닌 어멈의 일이 되었지만, 그래도 항상 제게 말씀하셨습니다. 당신이 이러저러하게 이르시면, 저는 다시 어멈의 손에 건넸습니다. 안주인으로서 제 역할은 그 짧은 순간에 불과했지요. 솜씨 좋은 어멈이 단정히 꾸며 방에 갖다 두면, 당신은 제게서 옷을 받아 입으셨습니다.

그런데 그날은 어찌된 일이었을까요? 제 손으로 해 보고 싶다는 생각이 들었습니다.

그런 마음이야 늘 갖고 있었지요. 맵시 있게 당신 옷을 지어 드리고 싶고, 솜씨 있게 당신 입에 맞는 음식을 해 드리고 싶고……. 하지만 그저 마음뿐이었습니다. 지닌 마음을 적절한 말로 표현해 전달하고, 또 몸을 움직여 그 마음을 실제로 드러내는 것. 다른 이들에게는 사소하고도 자연스러운 일이겠으나, 저는 그리되기까지 얼마나 많은 장애물을 걷어 내야만 하는지요. 과연 걷어 낼 수 있기나 할까요? 지레 포기하는 편이 나았을지도 모릅니다. 이제까지 그래 왔듯.

하지만 그날 아침, 저는 어멈에게 당신의 도포를 바로 전하지 않고 찬찬히 살펴보았습니다. 뒷자락의 솔기가 터지고 그 부근의 천도 해어져, 아무래도 덧대어서 기워야 할 것 같았습니다. 내친김에 좀 더 엄두를 내어 보았습니다. 문갑 위에 그저 모셔 두기만 했던 반짇고리를 열었습니다. 색색으로 고운 천을 덧발라 만든 팔각 종이 상자 안에는 바늘과 실패, 골무와 가위, 다양하고 예쁜 자투리 천이 들어 있었습니다. 혼인할 때 챙겨 주시던 친정어머님의 마음도 고스란히 담겨 있었습니다.

색색이 선명하고 보드라운 천을 만지는 것은 언제나 황홀합니다. 하늘거리는 귀한 천이 있는가 하면, 갖가지 빛깔로 물들인, 혹은 물들이지 않은 조각 천들이 있었습니다. 샛노란 개나리색, 분홍 진달래색, 엷은 하늘빛 같은 옥색, 모란꽃잎의 다홍색, 짙푸른 쪽빛……. 해진 도포 자락 위에 조각 천을 하나하나 대보았습니다. 그리고 제 눈에 가장 예뻐 보이는 다홍색을 골랐습니다. 원래 옥색이었던 도포는 색이 바래다 못해 소색(素色)이 되었는데, 그 위에 놓인 다홍빛 천은 눈부시게 아름다웠

습니다. 당신을 처음 만난 여름날, 싱그러운 5월 바람에 날리
던 다홍빛 댕기처럼.

바늘귀에 겨우 실을 꿰어 숭덩숭덩 뒷자락 솔기부터 호았습
니다. 그런 다음, 구멍 나고 해진 곳에 다홍빛 천을 덧대었습니
다. 콧잔등에 송골송골 땀방울이 맺힐 정도로 한 땀 한 땀 공들
여 기웠습니다. 도포의 옥색과 덧댄 천의 다홍색, 서투르나마
그 위에 땀땀이 지나간 흰 무명실……. 다 해 놓고 보니, 당신
의 도포 자락에 화사하고 고운 꽃이 피어난 것만 같았습니다.
제 입가에서도 배시시 웃음이 피어났습니다. 다른 날보다 더
조바심 내며 당신의 퇴궐을 기다렸습니다.

저물녘에야 퇴궐한 당신이 관복을 갈아입으러 방에 들어오
셨습니다. 바느질한 도포를 얼른 내놓았지요. 조금은 자랑스
러운 표정이었을 것입니다. 도포를 펼쳐 든 당신은 흠칫, 놀라
셨습니다. 더 우쭐해진 저는 눈을 빛내며 당신을 바라보았습니
다. 제 얼굴을 가만히 쳐다보시고는 당신이 말씀하셨습니다.

"부인이 직접 하신 게요? 정말 고맙소."

그러고는 제가 펼쳐 들고 있는 도포 소매에 팔을 꿰셨습니
다. 때마침 방으로 들어오던 어멈이 놀라 탄식했습니다.

"에그!"

하지만 당신은 개의치 않으셨습니다.

당신은 그 옷을 계속 입고 다니셨습니다. 너무 태연하시니, 사람들이 우스꽝스럽게 여기기보다는 오히려 궁금해할 정도였습니다. 워낙 예의와 범절에 밝다고 알려진 당신이기에, 붉은 헝겊으로 덧댄 옷을 입는 데에 어떤 뜻이 있는 게 아닌가 하고 말입니다.

진정한 예는 먼저 마음에서 우러나와야 한다고, 당신은 늘 말씀하셨지요. 상대방을 존중하고 배려하며, 진심을 담고 정성을 다하는 마음. 서책에 나오는 화려한 절차나 형식을 정확하게 지킨다 해도 진실하고 정성스러운 마음이 담겨 있지 않다면, 예가 아닙니다. 보기에는 서툴고 초라할지라도 상대를 대하는 곡진한 마음이 담겨 있다면, 예는 결국 제 모습을 드러냅니다. 사람들은 당신의 희한한 옷에 어떤 의미가 있나 싶어 고금의 예법서부터 들추었지만, 당신은 떨리는 손으로 내민 저의 진심을 먼저 보셨습니다. 어울리지 않는 조각 천에 어설픈 바늘땀이었지만, 당신을 생각하는 제 마음을 소중히 여기셨지요.

또릿또릿한 마음

서소문 집에서 당신과 함께 보낸 시간은 언제나 따뜻하고 뭉클했습니다. 틈이 나실 때마다, 혹은 어렵게 짬을 내어서라도 제 마음을 다독이고 다잡아 주려 하셨습니다. 화단의 나무를 옮겨 심거나 꽃모종을 내면서, 새롭게 돋기 시작한 초승달을 바라보면서, 혹은 깊은 밤 함께 자리에 누워서…… 누구와도 긴 이야기를 나누지 못하는 저였지만, 당신과는 달랐습니다. 당신의 이야기는 그리 어렵지 않았습니다. 꽃과 나무와 새와 달, 그리고 저도 경험했음 직한 것에서부터 비유를 들어 알아듣기 쉬웠습니다.

당신 이야기를 이해하면 하는 대로, 못하면 못하는 대로, 그저 당신 목소리를 듣는 것도 좋았습니다. 부모님도 저도 사람들과 섞일 일이 별반 없어서인지 여태 서울 말씨 그대로입니다. 예안에서 20년 가까이 살았어도 그렇습니다. 그런데 당신과 지내면서부터, 높고 낮은 산등성이처럼 억양이 오르내리는 영남의 말투가 귀에 설지 않고 친근하게 들려왔습니다. 사람의 마음이 가장 중요하다고 말씀하셨지만, 그러한 마음이 표현되는 눈빛과 목소리도 중요한 것 같습니다. 어떤 때는 말하는 사람의 눈빛, 목소리 빛깔만으로도 더 간곡하게 전달되기도 하니까요.

따사로운 눈으로 저를 바라보시며 칼칼한 영남의 말투로 천천히 말씀하셨지요.

"날마다 거울에 얼굴을 비추어보듯이 우리 안에 있는 마음도 자주 들여다보며 잘 다스려야 하오. 한번 어긋나면 바늘 하나 꽂을 자리도 없이 빽빽해지지만, 한번 탁 트이면 드넓은 우주도 껴안을 수 있는 게 사람의 마음이오."

우주를 껴안을 정도로 탁 트이게 된다는 것은 도저히 가늠이 되지 않았습니다. 하지만 바늘 하나 꽂을 자리도 없이 마음이 빽빽해진다는 것은 알 것 같았습니다. 저도 그런 기분이 들 때가 많았으니까요. 처음에는 바늘귀처럼 아주 작은 일이었는데, 혼자 생각으로 점점 키워 갑니다. 그러고는 자신의 마음을 뾰족한 바늘이 꽂힌 것처럼 빽빽이, 틈이라고는 없게 만들어 버리지요. 그러다 정 못 견디게 되면 날카로운 바늘 가시들을 사방으로 내쏘며 폭발하고 맙니다. 그 와중에 자신도, 주변 사람들도 큰 상처를 입습니다. 그렇기에 자주 마음속을 들여다보아, 바늘 가시 같은 거짓 모습에 사로잡히지 않도록 주의해야 한다고 말씀하셨습니다.

마음을 들여다보는 것은 텃밭을 돌보는 것과 같다고 하셨지요. 자주 밭에 들러 물 주고, 김매고, 북을 돋우지 않으면 작물은 시들어 말라 갑니다. 원래 우리 마음의 평화롭고 선한 기운도 마찬가지입니다. 자주 들여다보면서 북돋우고 일으키지 않으면 이내 황폐해질 것입니다.

"그러니 해로운 기운이 싹트지 않도록 마음속을 또릿또릿하게 잘 살펴야 하오. 봄 하늘을 두드리는 꾀꼬리 울음처럼 말이오."

"꾀꼬리 울음처럼…… 또릿또릿하게……."

"그렇소. 또릿또릿하게."

되풀이해 말하는 저를 보며 당신은 활짝 웃으셨습니다.

또릿또릿하게, 꾀꼬리 울음처럼. 멍하니 정신을 놓고 있다가도 당신의 말을 떠올려 보았습니다. "또릿또릿하게", 소리 내어 말하며 제 마음을 일깨웠습니다. 사소한 일에도 신경이 곤두서고 마음밭이 빽빽해지려 하면, 바늘 가시 같은 허상이 아닌 실체를 또릿또릿하게 바라보려 하였습니다. 화초에 물을 주다가도 마음밭을 잘 살피고 길러야 한다는 이야기가 생각나 제 마음을 또릿또릿하게 들여다보았습니다. 나쁜 기운, 의심, 불안, 분노의 씨앗이 제 마음밭에 들어와 슬그머니 자리 잡으려 하면, 원래의 선하고 맑은 정신을 꾀꼬리 울음처럼 일깨우려 노력했습니다. 당신이 일러 주신 대로 깊고 고르게, 심호흡도 자주 하였습니다.

날마다 조금씩 스스로 마음을 들여다보니, 알 수 없이 광폭해지곤 하던 일이 드물어졌습니다. 기세등등하게 부딪치고 싸워야만 하는 복잡한 세상이 담박하고 또렷해 보이며, 조화롭게 어우러지는 느낌도 들었습니다. 영지산 달팽이 집에 있을 때처럼 제 얼굴빛도 부드러워졌습니다. 그때는 당신과 단둘이었지만, 복잡한 서울에서 서소문 집 식구들과 함께 있으면서도 편안했습니다. 온혜에서부터 함께 지내온 아랫사람들도 신기하게 여길 정도였습니다.

고단한 대궐 일을 마치고 돌아오면 잠시라도 제 방에 들러 당신은 하루 일을 물으셨습니다.

"오늘은 어찌 지냈소? 마음밭도 잘 돌보아 주었소?"

저는 환히 웃는 얼굴로 대답을 대신했습니다. 옆에 있던 어멈도 흐뭇한 표정이었습니다.

그리운 마음으로 당신과 보낸 날들을 또릿또릿하게 살피니, 그때 못 보았던 것이 다시 보이기도 합니다. 저의 하루하루는 당신 덕분에 평온하고 따뜻했지만, 대궐에서 보낸 당신의 하루하루는 권력자들의 다툼 속에서 절망적이고도 위태로웠습니다.

아, 그 무렵의 당신이 떠오릅니다. 늦은 밤에 무거운 표정으로 소나무 아래 오래 서 계시던 모습, 환한 낮에도 가시지 않던 눈두덩에 움푹 팬 그늘, 잠에서 깨 보면 거듭 뒤척이다 모로 누우신 당신의 야윈 어깨……. 당신은 언제나 제 기분을 살피고 마음을 다독여 주셨으나, 저는 당신이 지닌 외로움과 절망을 헤아리지 못했습니다. 따뜻한 말 한마디 제대로 못 건넸습니다. 친정아버님의 당부대로 예안에서 올라와 당신 곁에는 머물렀으나, 당신을 편케 하지는 못했습니다. 뒤늦은 자책에, 저문 하늘에 붉은 기운이 사라져 가는 것처럼 제 마음도 핏기가 가시고 저려 옵니다.

끽, 끼익―, 끼이익, 끽. 하루 뱃길을 마치고 묵어갈 나루터로 향하는 사공의 마음이 바쁩니다. 노의 움직임이 빨라지며 삐걱대는 소리도 커져만 가고, 뱃전에 부서지는 물살 소리도 더 크게 들려옵니다. 강은 여주를 벗어나, 남한강이라는 이름으로 돌아온 지도 한참 되었습니다. 강물의 폭이 많이 줄어든 대신 물살은 더 빨라졌습니다. 배는 이제 굽이굽이, 본격적으로 내륙의 물살을 헤쳐 나갈 것입니다.

불길한 조짐

구름 드리운 하늘이 아침부터 낮게 내려와 있습니다. 뱃길에 오른 뒤로는 처음 있는 일입니다. 그간에는 언제나 아침부터 늦여름 햇살이 쨍쨍했지요. 강물 위로는 나무 그늘이야 당연히 없었고, 펼칠 만한 차양도 없었습니다. 아쉬운 대로 비를 가릴 삿갓과 도롱이로 그늘을 만들곤 했지요. 쏟아지기로는 비나 햇살이나 마찬가지였으니까요. 사공은 처음부터 구릿빛 얼굴이었지만, 상주 일행도 뱃전에서 많이 그을었습니다. 구름 덕에 쨍쨍한 햇살에서 놓여난 사람들은 우선 홀가분해 보입니다. 하지만 노를 저으면서도 자꾸만 하늘을 올려다보는 사공의 표정은 무겁습니다.

경기를 벗어나 충청에 이르러서인지 강의 상류에 좀 더 들어선 것 같습니다. 남한강 물줄기는 크게 굽이지고 또 굽이져, 한 번씩 휘돌 때마다 강 가운데에 섬이나 습지를 하나씩 내어놓습니다. 간밤에 묵었던 조대나루 앞에는 비내섬이 길게 누워 있고, 강물이 다시 오른쪽으로 휘어지는 가흥창 부근에는 여우섬이 있습니다. 달구경 하기 좋은 데다 억새가 아름다운 섬이지만, 뱃전에서 감상할 여유는 없습니다. 목계나루 못 가 물살이 센 것으로 손꼽히는 막흐르기여울이 나오기 때문입니다. 이곳을 지날 때는 함부로 웃지도 말라고 '막희락탄(莫喜樂灘)'이라고도 부른답니다.

목계나루 건너편에 있는 가흥창은 나라의 조창●이어서 험한

●　조창(漕倉): 고려·조선 시대에, 세곡(稅穀)의 수송과 보관을 위하여 강가나 바닷가에 지어 놓은 곳집.

물살에도 오가는 배가 많습니다. 귀한 물자를 잔뜩 실은 배가 급류에 휩쓸리거나, 자칫 물속 큰 바위에 부딪히기도 합니다. 그래서 큰 배의 선주들은 이곳을 지날 때, 가까운 마을에서 물길을 잘 아는 사공을 불러 건너간다 합니다.

저희처럼 물살을 거슬러 상류로 가는 배도 어렵긴 마찬가지입니다. 바람이 아무리 치받쳐 불어온다 해도 거세게 내려오는 급류에 번번이 도로 밀려납니다. 상류 방향으로는 뱃전에 줄을 매고 강변에서 잡아당겨 올려 주는 끌패가 따로 있습니다. 아무래도 안 되겠던지 저희 사공도 끌패를 향해 손짓합니다. 끌패가 와서 배를 묶고, 강변의 동패가 그 밧줄을 건네받습니다. 강변에서부터 "영차, 이영차" 소리치며 힘을 쓸 때는 배 안 사람들도 함께 조바심을 내었습니다. 혼백인 저도 마찬가지였습니다.

꽤 오랫동안 애를 쓴 끝에 배가 여울을 벗어났습니다. 사람들도 강도 다시 평온을 되찾았습니다. 물줄기는 유유히 오른편으로 휘돌아가며 새로 흘러 들어온 물길을 받기도 하고, 다시 나누어 주기도 합니다. 한동안 고른 폭을 유지하다가 넓어지기 시작하는 것을 보니, 속리산에서부터 흘러온 달천 물줄기와 섞인 모양입니다. 달천과 만나는 합수머리 부근에는 신라의 우륵이 가야금을 연주했다는 탄금대가 있고, 충주목 관아도 멀지 않습니다. 당신에게 가는 길도 이제 절반을 더 넘어선 것 같습니다.

그런데 아무래도 구름 색이 심상치 않습니다. 먹구름 낀 하늘이 더욱더 내려앉았고, 훅 다가오는 물비린내가 훨씬 짙어졌습니다. 쓰르릉거리는 물살 소리도 더 커졌습니다. 남한강 곡류*가 앞으로 한층 더 심해지고 뱃길도 이제부터가 고비라는데, 걱정입니다. 사공의 얼굴이 어두우니 사람들에게도 근심이 번져 오기 시작합니다.

대궐에서 당신도 이런 기분이셨던가요? 낮게 깔린 불길한 조짐에 언제나 발목 아래가 무거운 느낌. 오늘의 걸음이 내일도 이어질지 확신할 수 없는 꺼림칙함.

어쩌면 역대 왕들도 마찬가지였을 것입니다. 태조대왕이 나라를 여신 뒤로 현재의 전하에 이르기까지 왕실과 왕위가 평온한 적은 한 번도 없었습니다. 폭군을 몰아내고 보위에 오르신 중종대왕 대에도 그러했습니다. 왕좌에 대해서는 생각도 해 본 적 없는 온순한 대군을, 반정*(중종반정, 1506)을 준비하는 이들이 비밀리에 왕으로 추대했으니 말입니다. 왕위는 타고나서 당연히 계승되는 것이 아니라, 언제 뒤바뀔지 모르는 불확실한

- 　곡류(曲流): 물이 굽이치는 흐름.
- 　반정(反正): 옳지 못한 임금을 폐위하고 새 임금을 세워 나라를 바로잡음.

것이었습니다.

목숨 걸고 반정을 성공시킨 공신*들은 자신감과 위세가 대단했습니다. 그로부터 백여 년 전인 그들의 할아버지 대에는 태조대왕과 함께 새로 왕조를 열었고, 그때의 이야기가 아직도 생생히 전해 오고 있습니다. 어린 임금 단종 대신 세조대왕을 도와 왕위를 바꾼 것(세조반정, 1455)도 불과 오십여 년 전이었습니다. 폭군을 폐위시켰다지만, 급기야는 자신들이 지명한 대군으로 왕을 새로 세우기까지 한 것입니다. 개국공신에 이어 반정공신 가문이라는, 유례없는 권력도 지니게 되었습니다. 지금 자신들이 가진 것을 자자손손(子子孫孫) 누리게 하려는 야망도 끝이 없었습니다. 왕의 자리는 하나이나 가문은 여럿이었기에 다음 보위를 둘러싼 다툼이 치열하게 벌어지기 시작했습니다.

중종대왕의 뒤를 이은 선왕(인종)께서 갓 태어나신 즈음에 생모인 장경왕후가 승하하고, 뒤에 새로운 중전(문정왕후)이 오셨습니다. 또 다른 외척이 생겨나지 않도록 새 중전도 장경왕후와 마찬가지로 파평윤씨 집안에서 모셔왔습니다. 왕비의 간택마저 마음대로 결정할 만큼, 다음 보위를 이을 세자 저하의 외

●   공신(功臣): 나라를 위하여 특별한 공을 세운 신하.

척이 가진 권한은 막강했습니다.

지금의 대비마마이자 당시에 새로 오신 중전의 소생으로는 오랫동안 공주마마들만 계셨던 터라 그동안은 별다른 갈등이 없었습니다. 하지만 근 이십 년 만에 왕실에서 대군마마, 바로 지금 전하(명종)가 태어나시자 대번에 달라졌습니다. 한 가문 안에서 다음 보위를 둘러싼 신경전이 벌어지기 시작했지요. 당시 세자 저하의 외척은 지금 지닌 권력을 계속 누리려 했고, 대군 아기씨의 외척은 바야흐로 새로운 가능성을 꿈꾸었습니다. 그때가 1534년, 당신이 대궐에 들어가시던 바로 그해였습니다.

병약하신 세자 저하의 후사는 좀처럼 생기지 않았는데, 대군께서는 무럭무럭 자라나셨습니다. 조정의 대립도 더욱 첨예해졌습니다. 세자 저하의 친어머니는 승하하셨지만, 대군의 모후와 외숙들은 서슬 푸른 권력으로 살아 있었습니다. 세자 저하의 외숙들도 어린 대군에 대한 경계가 대단했습니다. 윤임을 비롯한 세자 저하의 외척은 대윤(大尹)으로, 윤원로와 윤원형 형제 등 대군의 외척은 소윤(小尹)이라 불리었습니다. 같은 파평윤씨 집안에서 형제이거나 숙부와 조카일 사람들은, 대궐 안팎에서 사사건건 치열하게 다투었습니다. 조정의 정책을 두고, 벼슬자리를 두고, 심지어 전하를 뵙는 차례를 두고…… 당사자들은 물론 다른 이들도 편이 갈리거나, 휩쓸리거나, 불똥이

튀어 오기도 했습니다.

당신도 오륙 년 전에 그런 일을 겪으셨지요. 형조판서 성세 창 대감이 대사헌 시절의 일로 탄핵되면서, 당신을 포함하여 그때 사헌부에서 일했던 젊은 관료들도 모두 파직*되었습니다. 정적을 공격하기 위하여 오래전의 일까지 들추어낸 것이나, 이미 다른 곳에서 한창 일하고 있는 관료들마저 끌어내린 것은 기가 막힐 일이지만 조정에서 드문 일은 아니었습니다.

차라리 당신은 후련해하셨습니다. 그해 여름, 당신이 입궐하지 않는 동안 서소문 집 마당과 작은 채마밭은 얼마나 아름답고 풍성했는지요. 무성한 풀들은 말끔히 정리되었고, 채마밭 한쪽에 당귀와 맥문동을 비롯해 약초도 심으셨습니다. 넓은 옹기 분에는 연을 심어, 오가며 볼 수 있게 하셨습니다. 가랑비 내리는 날에 운치 있는 자리를 골라 소나무를 옮겨 심으셨고, 대를 심을 자리도 마련해 두셨습니다. 국화와 석류는 모종을 내어 이웃과 두루 나누셨지요. 가까운 벗들을 청해 늦도록 자리를 함께하시기도 했습니다. 그 무렵 제 마음밭도 더욱 윤기나고 비옥해졌습니다.

하지만 평안은 그리 오래가지 않았습니다. 여름이 다 가기도

●　　파직(罷職): 관직에서 물러나게 함.

전에 부름을 받아 다시 대궐에 들어가셔야만 했지요. 관복을 갖추어 입는 당신의 얼굴은 어두웠고 손길은 무거웠습니다. 좀 나아지나 싶었던 체증도 도로 심해지셨습니다.

사직원을 올리다

조정은 여전히 대윤 아니면 소윤, 극명하게 둘로 나뉘어 있었습니다. 정승도 판서도 그 아래 관리들도 마찬가지였습니다. 그만 염증을 느껴 떠나려는 사람도 늘어 갔습니다. 당신도 마찬가지셨습니다. 대궐에 들어가신 지 삼 년 뒤에 어머님이 돌아가셨기에 녹봉을 받아 봉양하려던 책임감은 내려놓아도 되었습니다. 생시에도 어머님은, 당신이 대궐 일을 오래 하는 것을 바라지 않으셨지요. 곤궁해질 게 뻔한 집안 형편은 감내할 작정이셨습니다.

1542년 여름, 고향을 떠나 서울로 올라온 지 십 년이 되던 해에 당신은 사직원을 제출하셨지요. 그러나 받아들여지지 않았습니다. 거듭 올렸으나 마찬가지였습니다.

과거에 급제하고 관리로 임명되기도 어려웠지만, 그만두기는 더욱 어려웠습니다. 서로 자리를 탐내는 고위직이 아니고서는, 업무가 많은 젊은 신하에게 사직을 허락하는 경우는 드물었습니다. 상급자의 일에 연루되어 파직되는 경우는 잦았지만, 오래지 않아 복귀되곤 했습니다. 실제로 일할 만한 사람이 늘 부족했으니까요. 사직이 안 된다면, 당신은 작은 고을의 현감으로라도 나가겠다고 청하셨습니다. 다들 어떻게든 서울로, 대궐로 들어오려 애썼는데, 그 반대였지요. 그러나 외직으로 나가는 것도 허락되지 않았습니다. 그렇다고 전하의 신하로서 마음대로 그만둘 수도 없었습니다.

그즈음 고향의 어른이신 농암 이현보 대감께서 벼슬을 사양하고 내려가시게 되었습니다. 어버이 같은 신하를 떠나보내기 싫은 전하께서 잠시 말미를 준다고 하셨지만, 실상은 사직이었지요. 귀거래, 귀거래,* 말하는 이는 많았지만, 실제로 높은 벼슬을 버리고 돌아가는 이는 흔치 않았습니다. 농암 어른이 고향으로 돌아가는 배 안에는 화분 몇 개와 바둑판 하나뿐이었다 하는데 평소의 성품이 그대로 담긴 모습이었습니다.

대감의 전별연*이 한강가 제천정(濟川亭)에서 열리던 날, 당신은 평소와 달리 많이 취하셨습니다. 농암 어른은 고향에서 가르침을 받던 당신의 스승이셨고, 대궐에 들어와서도 많이 의

- 귀거래(歸去來): 관직을 그만두고 고향으로 돌아감.
- 전별연(餞別宴): 보내는 쪽에서 예를 차려 작별한 때 베푸는 잔치.

지하던 어른이셨지요. 대궐 일에 환멸이 들고 학문에도 회의가 올 때, 이제 당신은 누구를 찾아 위안을 얻고 가르침을 받을 수 있을까요? 어지러운 조정에 당신을 비롯해 심지 굳은 젊은 관료들을 남겨 둔 채, 귀향길을 떠나는 농암 어른께서도 착잡하셨을 것입니다.

예안의 농암 어른 댁은 영지산 달팽이 집에서 내려다보이던 분강가에 있었습니다. 농암 어른은 댁 뒤편, 영지산 남쪽에 비어 있던 암자를 고쳐 짓고 '영지정사(靈芝精舍)'라 이름 붙이셨습니다. 그러고는 우스갯소리를 담은 편지를 보내오셨습니다.

"그대가 이 산기슭에 집을 짓고 살며 영지산인(靈芝山人)이라 자처하지 않았는가? 그런데 내가 먼저 산에 들어와 지내고 있으니, 손님으로 갔다가 주인 노릇을 하는 것 아니겠나? 조만간 누가 '산인'인지, 송사해서 귀결 지어야겠네."

서울에서도 당신은 예전의 '영지산인'이라는 호를 그대로 쓰고 계셨습니다. 고향 영지산을 떠나오기는 했으나, 언젠가는 돌아가리라는 바람이 있어서였지요. 영지산의 맑은 기운이 담긴 편지를 받고 당신은 곧 답장을 보내셨습니다. 고향에서 평안을 누리시게 된 것을 경하하며, '영지산인'이라는 호를 기꺼이 농암 어른께 돌린다는 내용이었습니다. 아끼던 자호를 내드린 당신의 빈 가슴에는 그리움과 쓸쓸함이 오래 자리 잡았습니다.

1544년 겨울, 삼십팔 년간 재위하셨던 중종대왕이 승하하시고 세자 저하께서 뒤를 이으셨습니다. 망극한 가운데, 왕위를 둘러싼 갈등은 이로써 마무리되는가 싶었습니다. 하지만 다툼은 오히려 더 심해졌습니다. 이제 세자가 아닌 왕의 외숙이 된 대윤은, 대군의 외숙인 소윤을 완전히 꺾어 후환을 없애고 자신들의 권력을 탄탄히 다지려 하였습니다. 이에 맞서 소윤은 완강히 저항했지요. 보위에 오르셨어도 병약하신 데다 여전히 후사가 없는 전하의 뒤를 기대하고 있었는지도 모릅니다. 대궐 어디에나 은밀하게 빛나는 눈과 숨죽여 엿듣는 귀가 있었고, 서로 의심하고 경계하느라 나랏일은 뒷전이었습니다. 간밤의 술자리에서 오간 이야기로, 밝은 날 자리를 빼앗기고 화를 당한 이들이 한둘이 아니었습니다.

중종대왕의 뒤를 이은 선왕 전하는 어진 성품과 지혜로, 성군의 자질을 타고나셨다고들 했습니다. 자신을 눈엣가시처럼 여기는 새어머니에게도 효성을 다하셨지요. 당신도 세자시강원*에 있을 때 가까이에서 모셨기에 그 인품을 잘 알고 계셨습니다. 부왕이 하신 일이라 서둘러 바꾸지는 못했지만, 기묘년

---

* 세자시강원(世子侍講院): 조선 시대에, 왕세자의 교육을 맡아보던 관아.

에 희생된 조광조 대감 등의 억울함을 풀고 현량과도 다시 시행하려 하셨지요. 정치 개혁에 대한 뜻도 확고해, 젊은 관료들의 기대가 무척 컸습니다. 그러나 보위를 둘러싸고 오래 시달려 오신 데다 국상 중에 슬퍼함이 지나쳐 더욱 쇠약해지셨습니다. 결국은 왕위에 오른 지 아홉 달이 못 되어 승하하시고 말았습니다. 1545년, 을사년의 여름이었습니다.

소윤이 그처럼 바라 온 대로 보령 ˙ 십이 세의 대군께서 보위에 오르셨습니다. 그리고 어리신 왕을 대신하여 모후이자 왕실의 어른인 대왕대비께서 수렴청정 ˙ 하게 되었습니다. 앳되신 전하의 뒤에 드리운 수렴처럼, 끈질기고도 오랜 권력 투쟁은 소윤의 승리로 막을 내린 듯했습니다.

조정의 신하들이 몇 대에 걸쳐 권력의 향방에만 관심을 두고 있으니, 백성들의 살림은 오랫동안 말이 아니었습니다. 거듭된 흉년에 굶주림이 계속되었고, 남해의 포구마다 왜구의 움직임도 예사롭지 않았습니다. 하늘에서 해가 보이지 않아 대낮에도 깜깜한가 하면, 밤에는 꼬리를 길게 늘이며 떨어지는 별들이 자주 나타났습니다. 음산한 달무리가 허공에 떠 있는 날도 많

˙   보령(寶齡): 임금의 나이를 높이 이르는 말.
˙   수렴청정(垂簾聽政): 임금이 어린 나이로 즉위하면 왕대비나 대왕대비가 도와 정사를 돌보던 일.

았습니다. 저잣거리에도 사람들이 끊겼다 했지요.

당신의 건강도 심상치 않았습니다. 그간 희생된 선비들, 지금도 억울하게 고초를 겪고 있는 사람들, 견딜 수 없어서 떠나간 벗들……. 이들에 대한 원통함과 그리움으로 날로 쇠약해지셨습니다. 얼굴에는 검버섯이 늘었고, 몸에는 관절의 마디마디가 두드러졌습니다. 약초 달이는 냄새가 집 안에서 가시지 않았고, 입궐하지 못하고 자리에 누워 계신 날도 많았습니다. 사직원을 다시 올려도 소용없었습니다. 마지못해 짧은 병가가 내려질 따름이었지요. 그러다가도 중국에서 사신이 오거나, 상례절차를 살피거나, 대행왕°의 행장°을 써야 한다거나, 새로 실록청이 세워지면, 아픈 몸에 관복을 갖추어 입고 입궐하셔야만 했습니다.

아몽의 천자문

그해의 어느 가을볕 좋은 날이었습니다. 며칠째 입궐하지 못하고 누워 계시던 당신이 자리를 털고 일어나셨습니다. 이제

●   대행왕(大行王): 왕이 죽은 뒤 시호(諡號)를 올리기 전에 높여 이르던 말.
●   행장(行狀): 죽은 사람이 평생 살아온 일을 적은 글.

다섯 살 난, 준의 아들 아몽(阿蒙)이 글을 읽을 줄 알게 되었다는 편지가 온 뒤였습니다.

어른들의 세상은 어수선하고 때로 잔혹하기도 하지만, 그 가운데에도 웃음 나게 하는 것은 아이들 얼굴, 아이들 소식입니다. 손자의 일은 더욱 그렇습니다. 자식에게는 기대와 욕심이 앞서 그 아이가 주는 환한 빛을 부모가 미처 깨닫지 못하기도 하니까요. 하지만 자식은 커 가고 어버이는 늙어 가면서, 손자를 대할 때는 무조건 너그러워집니다. 당신도 마찬가지셨습니다. 준과 채에게, 특히 장남 준에게는 더 엄격하셨습니다. 그러나 어린 손자 아몽은, 이름만 들려와도 함박웃음부터 지으셨습니다.

식솔은 점점 늘어만 가는데 형편이 여의치 못한 고향 집 소식은 언제나 근심스러웠습니다. 당신이 받는 녹봉을 꽤 덜어서 보내도 크게 달라지지 않았습니다. 그래도 편지 말미를 읽으실 때면 언제나 웃는 얼굴이셨습니다. 아몽이 걷게 되었다는 소식, 아몽이 제법 말을 하게 되었다는 소식, 그리고 그날처럼 아몽이 글을 읽을 줄 알게 되었다는 소식 때문이지요.

막 글자를 알게 된 아몽에게, 당신은 직접 천자문을 써서 보낼 생각을 하셨습니다. 수소문해서 질 좋은 종이도 구해 두셨습니다. 어린 손자의 천자문을 쓰려 한다는 부탁에, 당신의 벗은 아껴 둔 종이를 웃는 얼굴로 내주었다 합니다.

가을 햇살이 좋아 낮에는 방문을 열어 두는 게 더 따뜻할 때였습니다. 당신이 모처럼 일어나 계시니 아랫사람들의 얼굴과 걸음에도 활기가 돌았습니다. 먹을 가는 아이의 팔짓에도 신명이 묻어납니다.

보통 쓰시던 세필 대신 굵은 붓에 먹물을 듬뿍 묻히셨습니다. 그러고는 천자문 천 글자를 한 자, 한 자, 정성 들여 써 가셨습니다. 하늘 천(天), 땅 지(地), 검을 현(玄), 누를 황(黃), 천지현황. 하늘과 땅은 검고 누르다. 이제까지와는 다른 하늘과 땅이 당신의 붓끝에서 새로 열리는 것 같았습니다. 당신은 더 써 나가셨습니다. 손가락 지(指), 땔나무 신(薪), 닦을 수(修), 복 우(祐), 지신수우. 손을 놀려 땔나무를 지피는 일은 앞날의 복으로 이어진다. 당신이 아몽의 천자문을 쓰시는 일도 땔나무를 지펴 불을 일으키는 것이 아닐는지요? 먼 훗날의 세상까지도 덥혀 줄 따스한 불길.

다섯 살 아몽이 살아갈 세상은 어떤 모습일까요? 하늘과 땅이 든든히 지탱해 주는 가운데에, 사람과 뭇 생명이 순리대로 어우러져 지내는 곳일까요? 지금 당신이 지핀 불길은 그 세상까지 닿아 은은하게 보우하고 있을까요?

어린 시절에 받은 천자문 한 글자 한 글자에 담긴 할아버지

의 마음을 언젠가 아몽도 알게 되겠지요. 어쩌면 훗날에, 아몽도 어린 손자에게 줄 천자문을 쓸지도 모릅니다. 그때의 세상은, 그리고 그 세상 사람들의 삶은 어떤 모습일까요?

방 안에는 은은한 묵향이 번지고, 종이 위를 스치는 붓질 소리, 종잇장을 바꾸는 소리만 들려왔습니다. 가을 햇살은 천자문 글씨 위로 내려오고, 채 마르지 않은 먹물은 햇살 따라 가을 하늘로 올라갔습니다. 고개 숙인 채 글씨를 쓰는 당신의 야윈 손목에도 햇살이 내려앉았습니다. 당신을 바라보는 제 어깨와 등도 부드럽게 감싸 주었습니다. 온몸이 따스해지고 포근해지면서, 문득 저에게도 작은 바람이 생겨났습니다.

혼인한 지 십 년이 지나도록 당신과 제게는 아이가 없었습니다. 당신은 별 내색을 하지 않으셨지요. 하긴 이미 다 큰 아들들이 있었으니까요. 저는 아이에 대해 아무런 기대도 미련도 없었습니다. 여느 사람과 다른 저를 닮지나 않을까, 지레 두려워했는지도 모릅니다. 그러한 두려움조차도 저 깊은 곳에 가두고 아예 떠올려 보지도 않았습니다. 어린 생명도 완강히 닫아 둔 저의 빗장을 알아차렸는지 좀처럼 찾아오지 않았습니다. 때로 찾아왔어도 이내 이슬처럼 스러져 갔습니다. 잠시 다녀간 작은 인연을 마음에 오래 담아 두지는 않았습니다. 부부가 아이를 낳고 키우며 한 곳으로 눈길을 보내는 일이, 저와 당신에게는 가능하지 않으리라 여겼습니다.

그런데 그 가을 햇살에, 굳어 있던 제 마음이 열린 것일까요? 그리고 햇살 같은 작은 바람이 살며시 들어와 앉은 걸까요? 어린 아몽의 앞날을 그리는 당신을 보며 저도 작은 생명 하나 잇고 싶다는 바람을 갖게 되었습니다.

이제까지는 새로운 생명도, 이다음의 세상도 관심 밖이었습니다. 어찌할 수 없으니 지금을 살아갈 뿐, 앞날을 그려 본다거나 어떠한 소망을 품어 본 적도 없었습니다. 제 처지가 지긋지긋해서였겠지요. 삶은 온전치 못하고, 누군가에게는 짐이 되고, 그래서 홀로 쓸쓸한 것. 누구에게라도 이 같은 삶을 거듭하게 할 필요가 있겠습니까.

하지만 지극한 슬픔과 절망 속에서도 다음 세상을 그리는 당신을 보니, 저도 가슴이 바로 펴지고 눈길도 먼 곳을 향하게 되었습니다. 새롭게 태어나고 이어지는 삶에 호기심이 생겼고, 제 마음속에 바람이라는 것을 품어 보아도 좋을 듯했습니다. 아주 오래전, 그리고 또 더 오래전, 누군가의 바람과 바람으로 지금 제가 있듯이, 저도 그러한 바람을 가져 보아도 되지 않을까요? 사람의 바람은 자신의 삶에서 반드시 이루어지지 않더라도 다음 사람들의 삶에 이어지고, 그 가운데 드러나기도 합니다. 어떠한 몸에서 어떠한 처지로 태어나건, 그 아이가 누릴

삶은 지금 저와 같지 않고, 스스로 열어 갈 것입니다.

처음으로 아이 생각을 해 보았습니다. 당신과 한 아이를 보며 함께 웃고, 함께 애태우며, 그의 앞날을 그려 보고 싶다는 바람. 우리와 아이의 삶은 출발과 착지가 다르고, 일생의 어느 한 부분에서만 교직하겠지요. 아이는 부모가 되기 전의 우리의 삶을 잘 알지 못하고 그에게 쏟았던 사랑을 다 기억하지는 못할 것입니다. 그리고 우리는 아이의 온 삶을 다 지켜볼 수는 없을 테지요. 하지만 우리가 떠난 뒤에도 계속될 아이의 삶에는, 함께 보낸 날들의 따스한 기억이 스며 있을 것입니다. 우리가 세상에 없는 날들에도, 그 추억이 내내 그를 지탱해 줄 것입니다. 서로 나누었던 시간이 짧건 길건……

아직도 지난가을 서소문 집의 기억이 생생합니다. 온몸을 감싸 주던 포근한 햇살, 방 안에 가득 번지던 먹의 향기, 바스락거리는 종잇장 소리도 들리는 것만 같습니다. 아이 생각에 두근거려 오던 마음도 여전합니다.

그로부터 겨울이 지나고, 봄과 여름도 지나 다시 가을이 오고 있습니다. 그런데 저는 지금 어디에 있는 걸까요? 강을 따라 당신에게로 가고 있지만, 이 물길이 끝나면 과연 우리는 손맞잡을 수 있을까요? 또 다른 강이 우리 앞에 놓여 있지는 않을까요? 이승과 저승을 가로지르는, 이쪽저쪽으로 나뉘어 결코 건널 수 없는 강……. 아득한 강물을 앞에 두고 끝없이 바라보고만 있는 당신과 저의 모습이 보이는 듯합니다. 아, 보이지 않는 마음이 빠개지고, 보이지 않는 눈물이 쉬지 않고 흐릅니다.

잔뜩 구름 낀 먹색 하늘이 아래로, 아래로만 내려옵니다. 잿빛 강물은 저 깊은 곳에서부터 우르릉거리며 점점 불어나고 있습니다. 아침나절에 희미한 안개로 물 번진 수묵화 같던 풍경이, 오후 들어서는 거센 바람에 뜯긴 그림 조각처럼 너덜거립니다. 다시는 당신에게로 갈 수 없는 강 저편에서, 제 마음도 갈기갈기 찢긴 그림이 되어 버렸습니다.

3

영영 이별

발 묶인 황강나루

쏴아아—, 투투두두—. 휘몰아치며 내리퍼붓는 채찍비에 하늘도 땅도 강도 온통 잿빛입니다. 기다랗고 커다란 빨랫줄에 걸린 빨래처럼 잿빛 세상이 통째로 허우적댑니다. 충주와 꽃바우나루를 겨우 지나, 황강나루에 발이 묶인 지도 여러 날 되었습니다. 나루터 여각에는 빈방이 남아 있지 않고, 방마다 잠에 취하거나 술에 취한 이들로 가득합니다. 하늘에 대고 홧김에, 혹은 술김에, 제발 좀 그만 퍼부으라고 종주먹질들도 해 봅니다. 하지만 돌아오는 것은 더 거세진 빗줄기, 성난 우렛소리뿐입니다.

　겨우 잡은 여각 방 안에서 저희 일행도 의견이 분분합니다. 비가 그쳐도 불어난 물로 뱃길이 한층 험난할 테니, 이제부터는 육로로 가는 게 낫겠다고 하는 이도 있습니다. 험악한 월악산 줄기를 상복 입고 영구를 메고서 어찌 넘겠느냐며, 반대 의견도 나옵니다. 운구가 너무 늦어 걱정들이 클 테니, 예안에 사람을 먼저 보내 형편을 알리자고도 했습니다. 하지만 이 빗속에 소식 전하러 길을 나서기도 여의치 않습니다. 며칠째 발이 묶여 꼼짝 못 하고 있다 보니 답답한 심정에 이런저런 이야기만 많습니다.

　갑갑하긴 예안의 당신도 마찬가지겠지요. 봉수산 너머 예고개나, 아니면 죽령 주막거리까지 당신이 보낸 이들이 나와 있을 것입니다. 하마나,* 하마나, 서울에서 운구 행렬이 오기만을 기다릴 테지요. 당신에게 가는 길은 이제 크게 줄어들었건만, 폭우와 물살에 가로막히고 보니 그리움이 더욱더 짙어집니다.

　파파팟, 번쩍! 잿빛 하늘이 예리하게 쪼개어지더니, 우르르릉, 콰과쾅! 천둥이 몰아칩니다. 좌아아—, 쉼 없이 쏟아지는 빗소리가 온 세상을 거세게 삼켜 버립니다. 무섭게 내리꽂히는

●　하마나: '이제나저제나'의 방언(경북).

빗줄기의 기세가 언제 꺾일지, 과연 그치기는 할지, 알 수 없습니다. 마치 을사년 가을과 겨울의 대궐 같습니다.

국상이 일어난 지 일 년도 안 되어 또다시 국상을 당한 때였습니다. 즉위하신 지 아홉 달 만에 젊디젊은 선왕(인종)께서 승하하신 것도 애통하건만, 새로 권력을 쥔 이들은 무엇이 그리 급했던 걸까요? 일 년도 재위하지 못한 선왕에게 대왕의 예를 쓰는 것은 옳지 못하다며, 장례를 갈장(渴葬)으로 치르겠다고 하였습니다. 정해진 기간을 채우지 않고 급히 장사지내는 것으로, 여염*에서조차 드문 일입니다. 심지어 그조차도 마치기를 기다리지 않았습니다. 선왕의 관을 모시는 빈전(殯殿)이 엄연히 대궐에 있는데도 대대적인 정적 숙청이 시작된 것입니다.

서슬 푸른 국청에서 호령하는 이도, 피 튀기며 신음을 내뱉는 이도 모두 흰 상복을 입은 채였습니다. 가혹한 심문을 받으면서도 선왕의 빈전이 있는 쪽으로 고개 숙이고 엎드리기를 잊지 않으니, 돌아서 눈물 흘리는 이도 많았습니다. 결국 선왕의 외숙인 윤임이 죽임을 당하고 대윤은 모조리 제거되었습니다. 조금이라도 꼬투리가 잡히면 반역자의 무리로 지목되었기에, 조정의 관료들은 말을 잃고 움츠러들었습니다. 새 왕의 외숙들

• 여염(閭閻): 백성의 살림집이 많이 모여 있는 곳.

은 위사공신(衛社功臣)이라는 지위까지 나누어 가졌습니다. 대역의 무리인 대윤을 몰아내고 사직을 보위했다는 명목이었습니다. 그러고 난 뒤에도 혹독한 사화는 끝날 조짐을 보이지 않았습니다.

사화의 다음 희생자들은 삼사*의 바른말 하는 젊은 간관들과 사관들이었습니다. 기묘년 사화 때 희생된 이들을 우러르고 선왕의 때 이른 승하를 애통해하던 젊은 관료들이었습니다. 걸핏하면 도(道)와 의(義)를 논하며 권력자들을 성가시게 했던, 사림 출신의 젊은 선비들이기도 했습니다. 대윤이 화를 당할 때 젊은 관료들도 한 차례 희생되었는데, 아예 남은 싹마저 뽑아내려는 의도였지요. 선왕과 그 부왕 대에 이름난 대신들은 이미 죽거나 쫓겨나고 조정은 텅 비어 있었습니다. 그런데도 젊은 선비들마저 몰아내 아예 황무지로 만들어 놓고, 저들은 무엇을 더 하려 한 걸까요?

을씨년스러운 바람이 서소문 집에도 불어왔습니다. 한동안 잊고 있던, 초겨울의 음습한 기운이 제게 다시 번져 왔습니다. 어릴 적 친정에 환란이 몰아쳐 온 것도 10월, 꼭 그 무렵이었습니다. 어깨를 늘어뜨리고 입궐하는 당신을 배웅할 때면, 관복

---

* 삼사(三司): 조선 시대에, 임금에게 바른말을 하던 세 관아. 사헌부, 사간원, 홍문관을 이른다.

을 입고 뒤돌아 나가시던 숙부님의 마지막 모습이 떠오르곤 했습니다.

불길한 예감은 들어맞았습니다. 선왕의 발인을 이틀 앞둔 을사년 10월 10일, 당신과 몇몇 젊은 관료들에게 삭탈관직이라는 처분이 내려졌습니다. 사헌부의 대간으로 있을 때 권력자의 비위에 맞지 않는 이야기를 자주 하셨는데, 그때 앙심을 품은 이의 표적이 된 것입니다.

사화의 기세가 등등하던 시절이었습니다. 여느 때의 파직과는 달랐습니다. 먼저 관직을 빼앗아 죄인의 신분으로 만들고, 이어 영문도 모르는 죄목을 내세워 금부로 끌고 가고, 그다음에 국청에서 모진 심문을 하였습니다. 그 와중에 없던 죄도 인정하고 마는 경우가 많았지요. 그 뒤에는 유배 아니면 죽음의 형벌이 내려졌습니다. 그렇게 희생된 이들이 한둘이 아니었습니다. 당신이 파직되어 집에 계시는 동안에도 언제 금부도사*가 들이닥칠지 몰라 모두가 전전긍긍하였습니다. 넷째 아주버님도 날마다 서소문 집에 오셔서 대궐의 여론을 전하고 함께 근심하셨습니다.

보름여 만에 당신에게 내려진 처분이 취소되었습니다. 넷째

---

* 금부도사(禁府都事): 조선 시대에, 의금부에 속하여 임금의 특명에 따라 중한 죄인을 신문(訊問)하는 일을 맡아보던 종오품 벼슬.

아주버님이 애를 쓰셨고, 당신의 됨됨이과 능력을 아끼는 이들이 많았습니다. 권력자의 조카이기도 한, 당신의 동료가 위험을 무릅쓰고 변호하고 간청한 덕분이기도 했습니다.

다시 입궐하게 되었지만 마음을 놓을 수 없었습니다. 어렵게 복직했기에 사직원을 낼 수도, 외직을 청할 수도 없었습니다. 병가를 내는 것조차 어려웠습니다. 또 어떤 빌미가 될지 알 수 없었으니까요. 대궐에서는 더욱 견디기 어려워졌습니다. 입궐해서 함께 일하고, 독서당에서 책을 읽으며 토론하고, 서로의 집을 오가며 술잔을 기울이던 선배들과 벗들이 계속해서 화를 당했기 때문입니다. 동료들이 관직을 박탈당하고, 국청에서 심문을 받으며 비명을 지르고, 외딴 유배지로 향하거나 참혹하게 죽는 것을 그저 바라보아야만 하는 참담한 나날이었습니다.

퇴궐해 집에 계실 때도 내내 묵묵하셨습니다. 아무리 고단해도 제게만은 낯빛을 고치고 부드럽게 말 걸어 주셨는데, 그럴 여력도 없으셨습니다. 천자문 공부가 부쩍 늘었다는 아몽의 소식에도 환한 표정이 오래가지 못했습니다.

젊은 시절부터 당신은 사람의 마음과 본성에 관심이 많으셨습니다. 대궐 일로 틈이 없는 가운데에도 심학(心學) 관련 책을 찾아 읽었고, 사람 마음의 근원을 탐구하셨습니다. 당신은 사람이 원래 지닌 마음은 선하다 여기셨습니다. 겉보기에 사납고 모진 사람이라도 본디의 마음은 그렇지 않다며, 또릿또릿하게 성찰하여 본성을 찾아야 한다고 말씀하셨지요.

그런데 잔혹한 사화를 보고 겪으며 다시 생각하시게 되었습니다. 한 사람에게서도 때에 따라 성품이 다르게 나타나고, 아무렇지 않게 거짓을 사실로 둔갑시키고, 그 같은 왜곡을 알고도 묵인하며, 자기와 같은 사람에게 그렇게까지 잔인하고 흉포하게 굴 수도 있는 존재였으니까요. 자신의 내면을 들여다보며 스스로 갈고닦으면 누구나 성현의 말씀에 이를 수 있다고 여기셨는데, 사람은 그리 단순하지만도 낙관적이지만도 않았던 것이지요. 사람이 선한 존재라면 그러한 본성이 어떻게 밖으로 드러나는지, 혹은 어찌하여 드러나지 못하는지에 대해 보다 구체적인 성찰이 필요하였습니다. 사람의 본성을 드러나게도 하고 일그러뜨리기도 하는 사람의 감정에 대해서도 더 깊이 생각하시게 되었습니다. 참혹한 현실 속에서 사람의 참모습을 알아가고자 하는 고통스러운 성찰이었습니다.

아버님의 부고

을사년도 다 저물어 가는 섣달에 친정 안동에서 부고가 왔습니다. 아버님이 돌아가셨다는 소식이었습니다. 자리에 누우셨다는 이야기도 듣지 못했는데, 너무나 갑작스러워 믿어지지 않았습니다.

친정아버님은 돌아가시기 칠 년 전인 1538년, 십칠 년 만에 유배에서 풀려나셨습니다. 제가 혼인하여 온혜로 떠난 뒤로 팔 년을 더 예안 유배소에서 지내셨지요. 오랜 세월을 죄인으로 지낸 남쪽 유배지가 지긋지긋했으련만, 예전의 서울 집으로는 돌아오시지 않았습니다. 아버님께는 자신을 가둔 유배지보다, 부모님과 아우의 목숨을 앗아간 서울이 더 끔찍했던 게지요.

해배 후에는 어머님의 친정인 경상도 안음*에서 지내셨습니다. 아홉 개 골짜기가 있어 아홉산이라 부르는 산자락에 기댄 동네입니다. 마을 앞에는 시내가 흐르고 작은 정자가 세워져 있었습니다. 아버님은 그 정자를 사랑하여 날마다 늦도록 머무르셨다고 합니다. 당신에게 편지로, 정자의 이름을 지어 달라는 부탁도 하셨습니다. 당신은 '사락정(四樂亭)'이라는 이름과 자연과 더불어 사는 네 가지 즐거움을 읊은 시도 지어 보내셨지요. 농사일, 누에치기, 고기잡이, 나무하기의 '사락'이었습니다. 자유로운 몸이 되시기는 했으나 한세상을 다 보내 버린 아

•　안음(安陰): 조선 시대에, 지금의 경남 함양과 거창에 있었던 현.

버님의 허전한 마음을 위로하는 시였습니다. 어쩌면 그때 당신이 품은 바람이기도 했을 것입니다.

나는 나무꾼의 즐거움을 안다네.
평생 골짜기 안 마을에 살면서
서로 부르며 구름 멀리 들어갔다가
한 짐 높이 지고 저물어야 산을 나오네.
짝을 사랑하는 마음은 사슴 같고
꾸미기를 잊은 모습은 원숭이 닮았으나
어떠한가, 명리를 좇는 자가
세상에서 풍파를 겪는 것에 비하면.

—이황, 「사락정이라 이름 짓고 부쳐 쓰다〔寄題四樂亭〕 4」

아버님은 당신이 보내 주신 정자 이름과 시가 마음에 들어, 그때부터 호를 '사락정'이라 하셨습니다. 당신의 생각은 아버님의 마음에도 다 좋으셨지요. 그간에도 세심한 당신은, 유배지에 갇혀 움직이지 못하시는 아버님께 바깥세상의 소식을 자주 편지로 전했습니다. 작은 것이라도 진귀한 물건이 생기면 돌아가신 어머님에게뿐 아니라, 처가의 장인도 잊지 않으셨지요. 차마 꺼내 놓지 못하는 아버님의 마음을 먼저 짐작하여, 아들 없는 저희 집안의 대소사도 챙기셨습니다. 아버님의 사위 사랑도 남달라서 당신 이야기만 나오면 환한 얼굴이 되셨다 합니다. 참으로 각별한 옹서*지간(翁壻之間)이라며, 친정어머님도 감탄하셨습니다.

재작년에는 안음에서 아버님의 회갑연도 치렀습니다. 아버님은 마다하셨지만, 당신과 외숙부님이 강권하셨지요. 조촐한 연회로나마, 서른아홉이라는 한창 나이에 유배되어 백발이 성성해서야 풀려난 아버님의 모진 세월을 위무*해 드리고 싶으셨을 것입니다. 어렵게 말미를 얻어 당신도 다녀오셨습니다. 음울한 유배소가 아닌, 사방이 트인 안음 사락정에서 사위의 절을 받으신 아버님도 감회가 깊으셨을 것입니다.

안음에서 종가가 있는 안동 풍산으로 옮겨 가신 지는 얼마 안 되었습니다. 그리고 조정에 다시 환란이 일어나 당신에게까지 화가 미치게 되었다는 소식을 들으신 것입니다.

아버님께도 참담한 을사년이었습니다. 돌이켜 보면 아버님의 일평생이 참으로 기구합니다. 육십이 년의 생애에서 네 번의 끔찍한 사화를 모두 보셨습니다. 무오년 사화 때는 한창 공부하던 열여섯 살이셨습니다. 선비들이 수난을 겪는 부당한 현

- 옹서(翁壻): 장인과 사위를 아울러 이르는 말.
- 위무(慰撫): 위로하고 어루만져 달램.

실을 보고 처음으로 충격을 받으셨지요. 그리고 갑자년에는 부모님이, 기묘년에는 아우가 잔혹한 죽임을 당했습니다. 아버님 자신도 두 번 다 연루되어 이십 년 가까운 세월을 유배 죄인으로 사셔야 했습니다. 해배되고 이제 좀 편안해지시려니 했는데, 을사년에는 사위인 당신까지 고초를 겪게 된 것입니다.

아끼던 사위에게 환란이 미치지나 않을까 몹시 근심하셨던 걸까요? 당신이 첫 관직에 들어섰을 때처럼, 공연히 저희 집안 때문에 또다시 큰 화를 입지 않을까 더욱 노심초사하셨던 걸까요? 그때는 아버님도 더는 유배 죄인의 처지가 아니었는데 말입니다. 모질기만 했던 이십사 년 전의 초겨울 바람이 을사년에 다시 불어오자, 아버님은 상심하시어 자리에 누우셨습니다. 그리고 끝내 한겨울 바람을 이기지 못하고 눈을 감으셨습니다. 1545년 12월 초이틀이었습니다.

친정 부모님은 예전부터, 저를 남겨 두고 이 세상을 먼저 떠나지 않겠다는 이야기를 자주 하셨지요. 어릴 때 정신을 놓아 버린 딸이 안쓰러워서였습니다. 그랬는데 미더운 당신이 제 곁에 있어 한결 걱정을 더신 듯합니다. 자리에 누우신 아버님은 위험에 처한 사위 걱정이 크셨습니다. 환란에서 벗어나게 할 방법을 찾지 못해 낙담하시고는 더 크게 앓으셨습니다.

공교롭게도 을사년 겨울의 살얼음판 같던 대궐에서 당신을 벗어나게 해 준 사람은 친정아버님이셨습니다. 빙부상을 당하자, 초상을 치르고 올 수 있도록 정식으로 휴가가 내려진 것입니다. 족쇄에 묶인 듯 꼼짝할 수 없던 대궐에서 당신은 이제 멀리 떠나갈 수 있게 되었습니다. 환란도 당분간은 당신을 비켜갈 테지요. 친정아버님도 예상하시지 못했을 것입니다. 아니, 어쩌면 짐작하신 일이었을까요?

귀향길에 데려가기 어려우니

이내 안동으로 떠나려 했으나 당신의 몸 상태가 여의치 않았습니다. 몇 번이나 출발을 미루었는지 모릅니다. 환란 속에서 켜켜이 쌓인 근심이 어느새 깊은 병이 되어, 한겨울에 길을 나서는 것은 무리였습니다. 그렇다고 저 혼자 떠날 수도 없었습니다. 아버님의 임종도 지키지 못했는데, 급히 달려가지도 못하니 불효만 더욱 커졌지요. 하지만 날이 풀리고 당신 몸이 조금이라도 회복되기를 기다리는 수밖에 없었습니다.

아버님의 부고로 경황이 없어서 몰랐다가, 얼마 지나지 않아 제 몸이 달라진 것을 알게 되었습니다. 새 생명이 제 안에 깃든 것입니다. 세상은 온통 캄캄한 죽음으로만 달려가고 있는 듯한데, 새로운 생명이 찾아오다니 믿기지 않았습니다. 얼떨떨한 가운데 불안하기도 했습니다. 예전처럼 엷은 흔적만 남기고 스러져 버리지나 않을지……. 혹독한 겨울에 시달리느라 지난가을의 햇살과 바람을 잊고 있었는데, 막 깃든 작은 생명은 그때의 따스했던 기억도 일깨워 주었습니다. 간절한 바람도 되살아나면서, 끝까지 지키고 싶다는 생각이 처음으로 들었습니다.

이제 막 자리 잡으려 하는 작은 생명이나, 새로운 변화에 맞닥뜨린 제 몸이나, 서로 적응하는 시간은 몹시 힘들었습니다. 더러 순조롭게 지내는 이들도 있다지만 저는 유난했습니다. 조금이라도 음식을 삼키면 생목이 올라와 게워 내기 일쑤였고, 물 한 모금 넘기지 않아도 헛구역이 치밀어 올랐습니다. 도무지 먹지를 못하다 보니 앉거나 서 있을 수도 없어, 기진해 누워 있을 때가 많았습니다. 그러면서도 저만의 낯선 고통에 불평하고 짜증 내기보다는, 제 안에서 몸부림치고 있을 작은 생명을 어서 편케 해 주고 싶다는 마음이 더 컸습니다. 저 아닌 누군가를 먼저 생각해 보는 것, 제 몸뿐 아니라 마음에도 일어난 신기한 변화였습니다.

설이 지나고 입춘도 지났습니다. 당신도 어느 정도 회복되셨기에 떠날 채비를 서둘러야만 했습니다. 그런데 겨울보다 안정되기는 했어도, 저나 뱃속 아기나 먼 길을 가기는 무리였습니다. 아버님 산소에 엎드려 한바탕 울고 친정어머님도 뵙고 싶은 마음은 간절했지만, 어쩔 수 없었습니다. 당신 몸도 완전히 좋아지지 않았는데, 홑몸 아닌 저까지 따라나서서 짐이 될 수는 없었습니다. 예전에도 친정아버님은 당신을 편케 하라 당부하셨지요. 그때는 서울의 당신 곁에 있는 것이 편케 하는 일이었지만, 이제는 당신을 따라가지 않고 남는 게 그러할 것입니다. 저세상의 아버님도 그리 생각하셨겠지요.

이러나저러나 당신의 마음은 무거웠을 것입니다. 서울 집을 비워 두고 다 함께 가는 것도, 저와 뱃속 아기만 남겨 두고 떠나시는 것도……. 장인의 초상을 당하여 받은 휴가이지만, 쉬이 돌아오지 않으리라 아마도 작정하고 계셨을 것입니다. 저역시 왠지 긴 이별이 되리라는 예감이 들었습니다. 우리가 다시 만난다면, 그곳은 서울이 아니라 예안일 것 같았습니다.

당신과 떨어져 지낼 생각을 하니 몹시 허전하였습니다. 그런데 뜻밖에도, 아직 세상에 나오지도 않은 작은 생명이 태산 같은 의지가 되어 주었습니다. 어느 정도 편안히 자리 잡았는지, 부대끼던 속도 가라앉았습니다. 때로는 제게 가만한 신호를 보내오기도 했습니다. 당신이 내려가시고 난 뒤에도 저는 혼자가 아닐 터였습니다.

떠날 날이 다가오면서, 저를 바라보시는 당신의 눈길이 내내 근심스러웠습니다. 제 앞가림도 하지 못하는 데다가 홑몸도 아니니 더욱 그러셨겠지요. 그래도 어멈이 늘 곁에 있을 테고, 넷째 아주버님도 자주 들러 집안을 살펴 주시기로 하였습니다. 대궐 안이 위태롭기는 아주버님도 마찬가지일 텐데, 제게까지 신경 쓰시게 하여 송구했지요.

마음이 놓이지 않는지 당신은 몇 번이고 당부하셨습니다.

"부디 몸을 잘 돌보며 지내시오. 머지않아 우리 아이와 함께 꼭 만납시다."

"꼭⋯⋯."

저는 밝은 표정으로 고개를 끄덕였습니다. 아기도 오로지 저만 아는 작은 신호를 보내왔습니다.

지금 생각하니, 당신에게 남아 있을 제 마지막 모습이 환한 표정이어서 정말 다행입니다. 찌푸리고 일그러진 얼굴이었다면 저도 당신도 얼마나 한스러웠을까요? 지난봄에 당신이 서소문 집을 나서던 그때가 우리에게 마지막이 되리라고는 생각지도 못했습니다. 아니, 어쩌면 무슨 예감이 있어 당신은 몇 번이고 그리 뒤돌아보고, 뒤돌아보고 하셨던 걸까요? 그리고 저는 유달리 오래, 오래 당신의 뒷모습을 바라보고 서 있었던 걸까요?

떠나기 전, 당신은 독서당의 매화에게도 작별 인사를 다녀왔습니다. 어지러운 대궐 생활에서 그나마 숨을 돌리실 때는 한 강 독서당에서 보내던 시간이었습니다. 오래전에 세종대왕께 서는 한강이 가장 아름답게 바라보이는 곳에 독서당을 짓고, 젊은 문신들에게 휴가를 주어 독서와 연구에 전념할 수 있게 하셨습니다. '사가독서(賜暇讀書)'라 불리는 제도였습니다. 혼 란 속에서 흐지부지된 적도 많았지만, 당신도 입궐한 지 몇 해 뒤에 독서당에서 지내신 적이 있었지요.

독서당의 망호당(望湖堂) 마당 한쪽에는 매화나무 한 그루가 조촐히 서 있었습니다. 한강이 시원스레 내려다보이는 풍경에 감탄하여 최고로 치는 이들이 많았습니다. 하지만 당신은 그보 다 구부러지고 거친 가지에 작고 조촐한 꽃을 피우는 매화나무 를 사랑하였습니다. 매화나무와의 사귐은 오래도록 계속되어, 당신의 편지와 시에 자주 모습을 드러내었습니다. 독서당에 계 시지 않을 때도 매화나무를 보기 위해 일부러 다녀오신 적도 많았습니다.

어지러운 도성에서 누구에게도 토로할 데 없는 마음을, 당신 은 매화나무 아래에서 술잔을 기울이며 달래셨습니다. 이른 봄 의 매화는 당신의 적막한 마음을 묵묵히 다 받아 주었습니다. 온 세상이 희고 차가운 눈으로 가득한데, 꽃으로 홀로 피어 있 는 외로운 처지도 함께 나누었을 것입니다. 그날, 망호당의 매화도 당신과 긴 이별을 하게 되리라는 것을 알고 있었을까요?

> 망호당 아래 한 그루 매화
> 봄날 너를 보려 몇 번이나 달려왔던가.
> 천 리 귀향길에 데려가기 어려우니
> 또 찾아와 흠뻑 취해 누워 버렸네.
>
> ─이황, 「망호당의 매화를 찾아가다(望湖堂尋梅)」

거센 급류, 지독한 난산

황강나루에서 너무 오래 지체하여 사공은 마음이 급했습니다. 영구를 싣고 가는 배라 마냥 시일을 늦출 수 없었기 때문입니다. 며칠간 쉬지 않고 내리던 비는 그쳤으나, 좀처럼 하늘이 개지 않았습니다. 여각 지붕에서는 아직 낙수가 떨어지고 발아래는 여전히 질척였습니다. 땅 위에는 비가 그쳤다 해도 물에서는 또 다를 것입니다. 불어난 강물의 위협은 퍼붓는 비보다 덜하지 않을 테니까요. 해가 구름을 걷고 완연히 모습을 드러내자, 마침내 사공은 배를 띄우기로 했습니다.

서소문 집에 당신이 계신 것과 계시지 않는 차이는 컸습니다. 봄은 무르익어 당신 손길이 닿은 마당에 꽃나무는 활짝 피었습니다. 하지만 바라보며 대견해하는 당신이 없으니 꽃도 생기를 잃었습니다. 당신을 생각하며 나무를 어루만지고 꽃을 들여다보는 저와 뱃속 아기가 있을 따름입니다. 그리움이 몹시 커질 때면 무작정 따라나서지 못한 것이 후회되었습니다. 그러면 저를 다독이듯 아기는 뱃속에서 신호를 보내왔습니다. 저는 혼자가 아니라 이미 둘이라는 것을, 그리고 당신에게로 이어져 이제 우리는 셋이라는 것을, 뱃속 아기는 가만가만 일깨워 주었습니다.

비가 그쳐 공기는 청신하나, 강물을 보니 새로 두려움이 밀려옵니다. 상류의 골짜기들을 깎으며 거세게 흘러 내려온 물은 온통 흙빛이었습니다. 성난 비구름 같은 먹색 물빛도 두렵지만, 사납게 일렁이는 황토색 물빛은 낯설어서 더 두렵습니다. 땅과 물이 모조리 뒤섞여, 배를 타기 전부터도 발아래가 마구 출렁이는 느낌이었습니다. 배를 띄워 봐도 머지않아 누런 탁류에 휩쓸려 갈 것만 같았습니다. 툭―, 사공이 새로 구한 튼튼한 밧줄 묶음을 뱃고물 구석에 내려놓았습니다. 뱃전에 옹송그리고 앉은 사람들의 눈길이 밧줄에 쏠립니다. 여차하면 더 큰 배에, 혹은 강섶의 나무나 바위에 묶어 작은 배를 지탱해 줄 생명줄이었습니다.

제게는 뱃속 아기가 생명줄이었습니다. 당신이 계시지 않는 지난봄과 여름의 도성은 흉흉했습니다. 하늘에 자주 햇무리가 져 음산한 날이 많았고, 여름에도 개암만 한 우박이 떨어져 농사를 망쳐 놓았습니다. 곳곳에서 지진이 일어나고 역병까지 돌았습니다. 제 마음도 흉흉해질 때가 많았습니다. 마음속을 또릿또릿하게 들여다보는 것도 시들해졌고, 바늘처럼 작은 틈이라도 생기면 금세 사나운 회오리 같은 감정이 치오르려 하였습니다. 그럴 무렵, 뱃속에서 아기가 작은 발을 뻗고 크게 기지개를 켜는 게 느껴졌습니다. 이제까지의 가만한 신호와는 달랐습니다. 왠지 든든해져서 저도 배를 쓰다듬으며 아기에게 말을 걸어 보았습니다. 뱃속 아기가 있어 밥을 먹고, 잠을 자고, 몸도 움직였습니다. 그러니 제게는 아기가 생명줄이었지요. 뱃속 아기와 함께, 예안에서 당신도 보고 계실 초승달을 바라보았습니다. 보름으로 차오르는 모양과 그믐으로 사그라져 가는 모양도 같이 보며 한 달, 또 한 달을 꼽았습니다.

콸콸콸콸, 우르르르—. 강물 소리가 아니라 마구 달려오는 대부대의 말발굽 소리 같습니다. 거침없이 내달려 오는 기세도 그렇습니다. 강폭이 좁은 데다 양쪽 모두 경사 급한 산으로 이어져, 강은 마치 깊은 산골짜기의 계곡처럼 보입니다. 강폭이 넓어지면 산은 물러서고, 좁아지거나 휘돌아 가면 바짝 다가옵니다. 곡류가 심하고 잦아, 물과 나란히 나아가던 산줄기가 갑자기 눈앞을 턱 가로막기도 합니다. 산이 바로 옆에, 혹은 앞으로 방향을 바꾸며 다가오니, 배가 물길을 따라가는 것이 아니라 산을 향해 달려가는 것 같습니다.

이제 와 말씀 드리지만, 올여름은 정말 견디기 어려웠습니다. 봄 가뭄에 이은 긴 장마에 저자의 물가는 날마다 치솟았습니다. 텃밭의 푸성귀조차 제대로 자라지 않아, 산모의 끼니를 챙기는 어멈도 민망해하였습니다. 휴가 기한이 지난 뒤에도 당신이 병으로 올라오시지 않자, 대궐에서는 결국 해직 처분을 내렸습니다. 바라셨던 일이기는 하나, 집안 살림은 더 어려워졌습니다. 얼마 되지 않은 녹봉이라도 휴가 때는 지급되었지만, 해직되고서는 끊어졌으니까요. 식구가 많은 예안에서도 형편이 더 어려워졌겠지요. 농사철에 그곳 일손이 더 필요해 아랫사람들을 내려보내고 나면, 어멈과 단둘이 지내는 날이 많았습니다. 산모가 제대로 먹지 못해서 자꾸만 늘어져 있으니 어멈의 걱정이 컸습니다.

거세게 뱃전을 때리는 물은 여전히 흙빛으로, 마치 멍석이 떼 지어 흘러오는 것 같습니다. 사나운 물살에 작은 배는 파도 타듯 아래위로 출렁거렸습니다. 벌써 얼굴이 하얘지거나 물 위에 토악질하는 사람도 있습니다. 배는 바야흐로 남한강에서 물살 사납기로 악명 높은 여울, 황공탄(惶恐灘)을 지나려 하고 있습니다. 두렵고 또 두렵다는 뜻의 '황공탄'이라는 이름도 으스스한데, 뱃사람들은 '으시시비비미여울'이라고도 부른답니다. 등골이 오싹해지면서 입에서 절로 나오는 소리가 그대로 으스스한 여울의 이름이 되어 버렸지요. 여울 바닥에는 큰 가뭄 때나 모습을 드러내는 너럭바위가 있는데, 커다란 가마솥 같은 구멍이 곳곳에 파여 있다 합니다. 물이 불어날 때는 가마솥 구멍에서 소용돌이가 일어나 배를 뒤집거나 삼켜 버리기도 한답니다. 떼꾼들에게는 더욱 위험해, 이곳은 떼꾼들의 무덤이라는 이야기도 있습니다. 비가 그친 뒤에도 사공이 나루터에 더 머물렀던 것은, 황공탄을 지날 대비를 하기 위해서였습니다. 밧줄도 꼼꼼히 점검하고 노꾼도 더 불렀습니다. 그래도 여울이 가까워질수록 사공의 얼굴은 점점 굳어집니다.

지난 6월 그믐, 달무리가 자주 지고 별들도 생기를 잃어 밤하늘 구경이 시들하던 때였습니다. 한여름 더위에 시달리면서도 배는 한정 없이 불러 오고 있었습니다. 뱃속 아기의 움직임은 점점 커져 무심코 배 위에 올린 손이 들썩일 정도로 발길질을 하거나, 크게 몸을 뒤틀기도 했습니다. 산달이 머지않았다는 신호였습니다. 어멈은 무명을 끊어다 배냇저고리와 수건, 기저귀를 비롯해 아기에게 필요한 물건들을 만들었습니다. 밤벌레가 극성스러워 바느질하던 어멈이 잠시 불을 끄고 대청에서 부채질하던 중이었습니다. 에구머니, 어멈이 놀라 부채를 떨어뜨리는 소리가 들렸습니다. 컴컴한 하늘에 붉은 별이 긴 꼬리를 늘이며 천천히 떨어진 것입니다. 크기가 주먹만 하고 꼬리가 사람 키보다 길었다 합니다. 안 그래도 흉흉한 일이 많은데, 하늘에서 붉은 별이 떨어지다니……. 그날 밤, 도성 사람들은 불길한 기분에 휩싸였습니다. 어멈도 어깨를 한번 떨고는 부산스레 방으로 들어와 공연히 이곳저곳 헛손질을 하였습니다. 흉한 것은 보지도 듣지도 말라 해서, 저는 그리로 눈길을 주지는 않았습니다. 하지만 하늘에서 떨어지는 붉은 별의 음습한 기운이 저와 아기에게도 다가오는 것 같아 꺼림칙했습니다.

출렁! 강물이 들썩이고 배가 크게 솟구쳤습니다. 우르르릉, 저 깊은 곳에서 강이 서서히 끓어오르는 소리도 들려왔습니다. 공연히 으스스해집니다. 부르르 떨다 갑자기 어깨를 움찔거리는 이들도 있는데, 날씨 탓만은 아닐 테지요.

쿨렁! 뱃속이 크게 일렁였습니다. 그러더니 아랫자리가 차츰 따뜻해졌습니다. 이불을 걷어 보던 어멈의 표정이 달라졌습니다. 산달은 내달이니, 그믐날이라 해도 아직은 일렀습니다. 꿈틀, 배가 또 한 번 크게 뒤틀렸습니다. 아악! 저도 모르게 소리를 내뱉었습니다. 밖으로 나간 어멈이 마른 이불과 무명천들을 가지고 급히 들어왔습니다. 누워 있던 방이 그대로 산실이 되었습니다. 마른 짚을 가져다 깔고, 그 위에 마른 이부자리를 새로 깔았습니다. 붙잡고 힘을 쓸 무명 끈도 길게 드리워 주었습니다. 낯선 아픔에 제 얼굴은 점점 더 일그러졌습니다.

과연 황공탄 물결은 사나웠습니다. 잔뜩 불어난 물이 젖은 멍석처럼 뱃전을 때리며 쉼 없이 밀려왔습니다. 이여차, 이여차, 노꾼들은 팔뚝에 굵은 힘줄이 돋도록 노질을 했습니다. 그러나 배는 번번이 마주 오는 물살에 밀려 헛돌거나 제자리에 머물렀습니다. 집안사람들까지 거들었지만 거센 물살과 싸우기가 쉽지 않았습니다. 배가 무게중심을 잃지 않도록 상주들도 이쪽저쪽으로 몸을 움직여야만 했습니다. 뱃전을 넘어 안으로 쏟아지는 물살은 하늘에서 내리퍼붓는 비 못지않았습니다. 머리카락도 옷도 신발도 온통 젖었습니다. 온몸이 젖는 것을 탓할 여력도 없었습니다. 부디 저 물살을 이기기를, 이기고 배가 앞으로 나아가기를 바랄 뿐이었습니다.

배가 여울목을 벗어나기가 쉽지 않듯, 아기가 세상 밖으로 나오는 일도 쉽지 않았습니다. 하룻밤, 하룻낮을 이은 진통이 계속되었습니다. 생전 경험해 보지 못한 통증이었습니다. 힘을 내라는 어멈의 목소리에 기운을 내 보다가도 까무룩 맥을 놓기 일쑤였고, 아랫배가 부서져 나가는 듯한 아픔에 또 정신을 놓아 버렸습니다. 오래도록 지치고 힘든 게 저만은 아니었을 것입니다. 한 번도 가 보지 않은 길을 스스로 헤쳐 나와야만 하는 작은 아기도 얼마나 힘이 들까요? 포근히 잠겨 있던 뱃속이 점점 좁아지고, 숨조차 의지할 데 없어져 버린 아기는 얼마나 놀라 허둥댔을까요?

희끗희끗한 머리칼마저 흙탕물 빛이 된 사공이 노꾼들을 독려합니다.

"저기, 비봉산 봉우리가 보이기 시작하는군! 저 봉우리가 삿갓만큼만 보이면 이제 한고비는 넘긴 셈이네. 조금만 더 힘을 내세, 조금만!"

간밤을 꼬박 새우며 제 배를 쓸어내리던 어멈이 말합니다.

"이제 아기씨 머리가 보입니다. 얼마 남지 않았어요. 좀 더 힘을 내셔요. 조금만 더, 더……."

배는 여전히 멍석 같은 물 위에서 제자리걸음을 하고 있는 듯했지만, 청풍 비봉산 봉우리가 보이니 완전히 제자리만은 아니었나 봅니다. 배 안 사람들도 흰 상복이 누런 흙탕물 빛이 되도록, 모진 여울목에서 용쓰기는 마찬가지였습니다. 가까스로 보이던 봉우리는 점점 자라 손바닥만 하다가, 또 한동안 커지지 않고 애태웠습니다. 그러다 마침내는 쓰윽, 쓱, 봉우리가 자라나는 것처럼 모습을 성큼 드러내기 시작합니다. 사공의 말처럼 이제는 한고비를 넘긴 듯합니다.

아기는 성문 밖에

아기의 머리가 보인다는 어멈의 말에 안도하였지만, 저는 더 기운을 낼 수 없었습니다. 손에 쥔 무명 끈을 당기며 힘을 주려 해도 자꾸만 팔이 털썩, 털썩, 아래로 떨어졌습니다. 넷째 아주버님 댁에서 급히 보낸 산파도 와 있었습니다. "이러다 아이도, 산모도······"라는 소리가 언뜻 들렸습니다. 점점 늘어지는 저를 흔들며 어멈이 울먹이며 말했습니다.

"이리 맥을 놓으시면 안 됩니다. 조금만 더 힘을 내셔요. 뱃속 아기씨도 애를 쓰고 있어요. 힘을 내 아기씨를 도우셔야지요."

그 말에 다시 정신을 차렸습니다. 어미 몸 밖의 세상으로 처음 나가려는 아기도 힘겹긴 마찬가지일 것입니다. 어멈이 밤잠을 못 자고 저를 돕듯, 저도 아기를 도와야만 합니다. 시간이 더 흐를수록 아기에게 뱃속은 안전하지 못할 것입니다.

고요히 잠든 것만 같던 아기가 먼저 신호를 보내왔습니다. 어쩌면 마지막이 될지도 모르는 작은 움직임을 감지하고 저도 안간힘을 냈습니다. 뱃속 움직임이 잦아지고 통증도 거세졌습니다. 배를 쓸어내리는 산파의 손에도 힘이 가고 더 빨라졌습니다. 또 얼마나 시간이 흘렀는지 모르겠습니다. 아아, 더는 힘을 내지 못하고 까무룩 꺼져 가려는 순간이었습니다. 그때였습니다. 뱃속에서 뒤엉켜 있던 소용돌이가 한꺼번에 빠져나가는 느낌이 들었습니다. 그리고 "으애—", 아기의 가느다란 울음소리가 들렸습니다. 울먹이는 어멈의 소리도 희미하게 들려왔습니다.

"이제 다 되었습니다. 따님이 태어나셨어요. 정말 애쓰셨습니다."

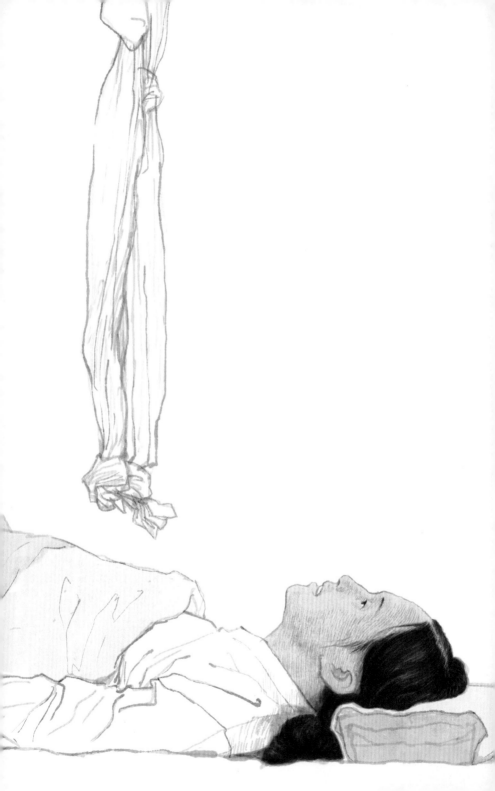

가까스로 황공탄 여울을 벗어난 배는 한바탕 전란이 휩쓸고 간 것처럼 엉망입니다. 사람들은 머리끝에서 발끝까지 온통 흙탕물에 젖었고, 바닥을 뒹구는 크고 작은 짐들도 마찬가지입니다. 정리하고 수습할 일도 보통은 아니나, 배가 뒤집히느냐 마느냐 하는 사투에서 벗어난 것만으로도 다행이었습니다. 물살은 여전히 크게 넘실거렸지만, 거세게 솟구치던 험한 여울목을 벗어나니 이쯤은 차라리 평탄하다는 생각마저 들었습니다. 삿갓만큼이라도 보이기를 고대하던 비봉산은 그 모습을 전부 드러내었습니다. 배는 비봉산을 오른편에 두고, 바깥으로 원호를 크게 그리며 청풍으로 향하고 있습니다. 당분간 변덕스러운 곡류도 없고 험난한 여울도 없을 것입니다.

어서 아기에게 젖을 물려야 하는데 자꾸만 맥이 풀렸습니다. 무언가 끝없이 빠져나가고 있는 듯했습니다. 손발이 저릿하고 머리와 가슴도 저릿하였습니다. 온몸의 움직임들이 서서히 멎어 가는 듯했습니다. 피돌기가 느릿느릿해지고, 맥이 드문드문해지고, 숨이 가빠 오다 점점 흐려졌습니다. 사람들의 다급한 목소리도 어렴풋합니다. 수건을 더, 어서, 이를 어째, 피가 멎지를 않네……. 어멈이 울먹이며 제 몸을 흔들었습니다. 마님, 정신 차리셔요, 아기씨를 보셔요, 얼른 젖을 물리셔야지요……. 어멈의 울먹임은 울음이 되고, 울음은 울부짖음이 되며 점점 거세어졌습니다. 그러나 제게는 웅웅 소리로만 작게 들리더니, 차츰 사라져 갔습니다. 서서히 제 숨도 사그라들고 있었습니다.

아직 해가 저물지 않았는데도 사공은 그만 청풍나루로 배를 돌립니다. 황공탄을 지나온 것만으로도 오늘 뱃길은 충분할 것입니다. 다른 배들도 앞서거니 뒤서거니 나루터로 몰려옵니다. 먼저 배를 매고 내리는 사람들도, 뒤에 배를 매는 사람들도 흙탕물을 뒤집어쓴 몰골이 하나같습니다. 위험한 고비를 넘겼다는 안도감이 기운을 새로 나게 했는지, 벌써 무용담을 늘어놓는 이들도 있습니다.

바람이 비질하듯 하늘에서 구름을 거두어 갑니다. 모처럼 저녁놀이 아름다울 것 같습니다. 오랜만에 달도 별도 볼 수 있을지 모르겠습니다. 저녁놀, 초승달, 별……. 지난봄과 여름, 뱃속 아기에게 말 걸며 함께 바라보던 하늘이었습니다. 아기와 함께 당신을 만날 날을 기다렸건만, 그럴 수 없게 되어 버렸습니다. 어찌어찌 뱃속에서는 지켰으나, 세상에서는 단 하루도 보듬지 못하였습니다.

싸늘해져 가는 몸을 벗어나 혼백이 되어 가면서도 아기 곁을 떠나지 못하고 서성였습니다. 난산의 와중에도 맥을 놓지 않으려 애썼으나, 가느다란 아기의 울음소리를 듣던 때까지가 다였습니다. 숨이 다해 육신은 스러져 가지만, 혼백이나마 아기를 좀더 지켜 주고 싶었습니다. 아기의 가느다란 숨이 굵은 동아줄처럼 세상에서 튼튼히 더 이어지도록……. 그러나 며칠 못 가 아기도 여리고 짧은 숨을 놓아 버렸습니다. 산모가 세상을 떠나 황망한 가운데에도, 아기를 위해 미음을 끓이고 젖어미를 수소문하던 집안사람들의 노력도 소용없게 되었습니다. 제대로 구실을할 수 없는 어미일지언정 숨을 놓아 버리니, 아기도 더는 세상에서 살아갈 기운을 내지 못했던 것일까요? 이승을 더 서성일 이유가 없어진 제 혼백은 연기가 되어 버린 가슴만 쥐어뜯었습니다.

서소문 집에서 발인하고 물길 따라 당신에게로 오는 동안, 아기 생각을 하지 않으려 애썼습니다. 하지만 갓 태어나 버둥대는 아기의 자그마하고도 빨간 얼굴은 붉은 도장처럼 제 가슴에 선명히 찍혀 있습니다. 아기는 당신이 계시지 않은 지난봄과 여름을 견딜 수 있게 해 주었습니다. 정작 세상에서 아기에게 허락된 시간은 너무나 짧았지만요. 지난가을, 아기를 생각하며 처음으로 오롯한 마음, 간절한 마음, 더없이 순한 마음을지녀 보았습니다. 모자라고 미욱한 저에게도 그러한 마음이 깃들 수 있음을, 아기는 알게 해 주었습니다. 그것이 아기가 제게, 그리고 이 세상에 잠깐이나마 다녀간 뜻이었을까요?

한번 휘저어 놓은 마음은 혼백이 되어도 쉽사리 진정되지 않습니다. 아아! 아기가, 당신이 몹시 그립습니다. 그립고도 그립습니다. 먹먹한 마음에 하늘을 올려다보니, 한동안 보지 못했던 달이 제자리를 지키고 있습니다. 보이지 않는 동안에도 부지런히 할 일을 다 하고 있었던지, 여주 앙덕나루에서 본 초승달은 어느새 반달이 되었습니다. 저 달이 환한 보름달이 될 무렵에는 당신을 만날 수 있겠지요? 지난봄에 서소문 집에서 헤어지면서, 당신은 아기와 함께 꼭 다시 만나자 당부하셨습니다. 그런데 아기는 성문 밖 아기 무덤에 떨어뜨려 두고 저는 영구에 실려 온 처지가 되어 버렸습니다. 제 영구를 맞는 당신의 마음은 또 어떠실지…….

가을벌레 울음소리가 한결 드높아졌습니다. 모진 비에 휩쓸려 갔을 법도 한데, 어디에 깃들어 있다가 저리 제 울음을 내는 걸까요? 강물은 크고 작은 여울목을 지나면서도 쉼 없이 흘러가고, 묵묵히 이어지는 하루하루는 또 새로운 계절을 맞게 합니다. 보이건 보이지 않건, 달과 별도 제자리에서 제 모습을 지니고 있습니다. 몸을 벗어났어도 저의 마음은 이승에서와 다르지 않습니다. 우리가 만날 날도 이제 그리 머지않았습니다.

4

다시 온혜로

마지막 나루

비 갠 뒤, 하늘이 하루가 다르게 높아만 갑니다. 푸르른 하늘빛도 더 맑고 깊어졌습니다. 강물도 흙빛이 거의 가시고 짙푸른 제 빛깔을 되찾았습니다. 목화솜 같은 흰 구름은 하늬바람에 실려 동쪽을 향하고, 배도 구름 따라 동쪽 상류로 나아갑니다. 광나루에서 출발할 때만 해도 여름이었는데, 이제 8월도 열하루째인 초가을입니다.

물이 불어나 뱃길은 한결 순조롭습니다. 반대편 하류 쪽으로는, 상류의 나루터에서 오래 발이 묶였던 배들이 줄을 지어 달려갑니다. 이런 날씨와 물길에, 서해의 썰물 시간에 맞추어 배를 띄우면 그야말로 나는 듯이 도성의 포구까지 닿을 수 있다 합니다. 궂은 날씨로 인상만 쓰던 사공의 얼굴도 개었고, 이웃 배의 동료들과 큰 소리로 정겹게 안부도 주고받습니다.

배 안 사람들도 홀가분한 표정입니다. 임시로 부른 노꾼들은 청풍에서 돌아가고 다시 일행이 단출해졌습니다. 상류로 갈수록 험한 여울목들이 또 기다리고 있다지만, 저희 뱃길은 얼마 남지 않았습니다. 다음 나루에 배를 대고 나면, 그때부터는 육로로 갈 것입니다. 험준한 죽령 고개가 가로막고 있으나, 넘고 보면 고향 땅도 멀지 않을 겁니다. 돌아갈 날이 얼마 남지 않으니 다들 이런저런 생각에 잠겨 있습니다. 그새 아이들은 별 탈 없는지, 부모님 기력은 그만그만하신지……. 보고 싶은 이들을 떠올려 보기도 하고, 다가온 추수 걱정도 합니다. 한가위 명절도 얼마 남지 않았지요.

제 마음은 무겁습니다. 처음 배에 실려 떠나올 때는 그리움에 어서 달려가고만 싶었지요. 하지만 막상 당신 가까이에 오니 혼백의 처지인 것이 더럭 실감 납니다. 제게는 이승의 당신과 그려 볼 앞날이 없습니다. 이렇게 되어 당신과 마주할 일도 두렵습니다.

청풍에서 단양으로 이어지는 뱃길은 아름다운 풍광으로 유명합니다. 산자락이 끊어져 잠시 하늘이 트일 때면, 멀리 월악산 봉우리가 아스라합니다. 강변에는 멀고 가까운 봉우리들이 끝없이 이어져 있고, 깎아지른 절벽과 기이한 바위들이 불쑥불쑥 다가옵니다. 물새는 흰 물감을 듬뿍 찍어 붓질하는 것처럼 날갯짓이 자유롭고, 강물은 매번 다른 곡조를 흥얼거리며 흘러갑니다.

하지만 빼어난 아름다움도 제 마음속 근심을 앗아 가지 못했습니다. 앞날을 그리는 사람들의 설렘도 단번에 거두어들이지는 못한 듯합니다. 이따금 주변을 둘러보면서도, 다시 생각에 잠긴 표정이 되는 것을 보면 말입니다. 그러나 단양에 들어설 무렵에는, 제각각이던 사람들의 눈길이 한데로 쏠렸습니다. 지나간 날의 회한도, 앞날의 궁리도, 지금 이 순간의 아름다움을 끝내 이기지 못하는 모양입니다.

푸르른 하늘과 불어오는 바람에는 알싸한 가을이 담겨 있다 해도, 이어지는 산과 수풀에는 여전히 여름 빛깔이 남아 있었습니다. 그런데 초록 일색이던 강변에 갑자기 흰 바위산이 모습을 드러내었습니다. 깊은 산 정상에서나 볼 수 있는 바위 봉우리들이 강변까지 내려와 우뚝 서 있는 모양새입니다. 검푸른 강물 옆, 희면서도 푸른빛이 도는 바위 봉우리의 장엄한 모습에 사람들은 압도되었습니다. 대나무 순처럼 솟은 바위는 따로 따로이면서도 다발로 묶인 듯 줄느런하였습니다. 그중 하나가 강물에 뛰어 들어가 있었는데, 물속에서 갑작스럽게 솟아 나온 높다란 돌기둥 같기도 했습니다. 거침없이 밀려오던 물살도 놀라긴 매한가지였습니다. 막아선 돌기둥을 거세게 때리며, 우르릉거리는 성난 소리와 함께 휘돌아 나갔습니다. 흰 대순처럼 생긴 바위 봉우리를 옥순봉(玉筍峯)이라 했고, 돌기둥이 있어 물살이 고르지 않은 여울을 석주탄(石柱灘) 혹은 돌내기여울이라 불렀습니다.

오가는 배들의 속도가 저절로 늦추어졌습니다. 우리 배도 마찬가지였습니다. 다들 노 젓기를 멈추고 한동안 그 자리에 있었습니다. 와아! 배마다 감탄하는 소리가 터져 나왔습니다. 그대로 두고 가기는 아까워 자꾸만 뒤돌아보고 또 뒤돌아보았는데, 물길이 오른쪽으로 크게 휘어 돌아가면서 옥순봉의 모습은 보이지 않게 되었습니다.

아쉬운 마음이 채 자리 잡기도 전에, 이번에는 산꼭대기에서부터 강변에 이르기까지 완만하게 둥근 바위산이 다가옵니다. 커다란 바위의 갈라진 틈이 마치 거북의 등딱지 같습니다. 강물에도 둥그런 바위산 그림자가 비치었습니다. 산과 강에, 거북 두 마리가 수면을 경계로 등을 맞대고 있는 것만 같습니다. 구담봉(龜潭峯)이라 불리는 바위산입니다.

옥순봉과 구담봉의 아름다운 모습은, 산에서도 그렇겠지만 강에서는 더욱 보기 힘든 절경입니다. 유람 삼아 별러 찾아오는 이도 많다 합니다. 단양은 열 걸음 걷다 아홉 번은 뒤돌아볼 정도로 산과 강의 곳곳이 가경*이라는데, 과연 그 말이 틀리지 않습니다. 뱃길이 더 이어질수록, 강변의 갖가지 봉우리와 물 속에 솟은 바위로 장관일 것입니다.

해가 뉘엿해지면서 산 그림자가 물 위에 더 크게 드리워집니다. 가까운 장회나루로 향하는 배도 많지만, 저희 사공은 노질을 계속합니다. 뱃길의 마지막이 될 하진나루까지 내쳐 갈 작정인가 봅니다. 저희와 나란히 가는 짐배도 제법 있습니다. 하진나루는 소백산 죽령으로 가는 길목과 이어지니, 영남의 내륙으로 가는 상인들일 것입니다. 추석이 코앞이니, 서해의 어선에서 바꾸어 온 소금과 절임 생선을 얼른 부려 놓아야만 할 테지요. 큰비로 오래 지체하여 상인들의 마음이 급할 것입니다. 장삿배의 물건이 등짐과 지게 짐으로 바뀌어 내륙 곳곳으로 들어가듯, 배에 실려 온 저의 영구도 지게나 들것에 뉘어 사람들의 걸음에 의지하게 될 것입니다.

어둠이 짙어지면서 물소리가 한층 크게 들려옵니다. 장삿배

• 　가경(佳景): 빼어나게 아름다운 경치.

가 밝혀 놓은 횃불과 열하루 달빛에 의지하여 뱃길을 가노라니, 저 멀리 나루터 불빛이 보입니다. 도성 부근의 어지간한 나루에서보다 더 크고 밝습니다. 명절 대목이 다 지나기 전에 죽령을 넘어가려는 상인이 많은 것 같습니다. 나루터에 배를 대고 짐도 빠짐없이 다 내렸습니다. 아직 갈 길이 더 남았는데도 긴 여정이 끝난 기분도 듭니다. 열흘 넘게 이어온, 우여곡절 많았던 뱃길이 다했습니다. 내일, 저희 일행과 저의 영구는 배에 다시 오르지 않을 것입니다.

죽령 고개에서

묻에서의 첫날이 밝았습니다. 하루 일정을 지휘하는 사공의 걸걸한 목소리가 없으니 처음에는 벙벙하였습니다. 이제부터는 사공 없이, 상주들이 모든 일을 결정해야만 합니다. 젊은 상주들은 조금 긴장한 것도 같습니다. 그래도 모르는 뱃길에 그저 실려 가는 것이 아니라, 아는 길을 제 발에 의지해 가기에 곧 익숙해질 것입니다. 무엇보다 왔던 곳으로 되돌아가는 것이니까요. 그곳에서 다시 일상을 이어 갈 저들이 부럽습니다. 하긴 저도 돌아가는 것은 마찬가지입니다. 당신이 기다리고 계시는 예안 온혜, 영구에 실려 온 제 육신이 마침내 길고도 평안히 잠들게 될 그곳.

　배에서 내린 사공은 부쩍 늙고 작아 보였습니다. 근 보름간 험한 뱃길을 의지해 오면서 정도 들었지요. 덕담을 주고받으며 사공과 작별하고, 나루터 여각 문을 나섰습니다. 발걸음에만 의지해 가야 하기에 요깃거리도 든든히 챙겼습니다.

　배를 타고 오면서 보던 강변의 산들은 나지막이 완만했습니다. 그러나 길을 나선 지 얼마 되지 않아 성큼 다가선 소백산 자락의 산세는 기울기부터 가파릅니다. 엄두가 나지 않기는커녕 어깨가 저절로 펴지며 고향 땅에 왔다는 실감이 납니다. 어릴 때부터 다들, 눈을 뜨면 가파르고 서늘한 산봉우리가 첩첩으로 이어진 모습을 보면서 살아왔으니까요. 서울에서 태어나서 다시 서울로 돌아간 저도, 십여 년간 지낸 영남의 이 산세가 익숙하고 반갑기만 합니다. 아랫사람들은 물론 젊은 상주들의 걸음도 힘이 나고 빨라집니다. 길가의 작은 패랭이꽃들도 종종걸음 치듯 부지런히 따라옵니다.

　오르막 삼십 리, 내리막 삼십 리라는 죽령 들머리에 다다랐습니다. 간단히 요기하고 들메끈을 다시 조인 다음, 산길로 접어들었습니다. 훅, 깊숙이 산 내음이 들어오고, 헉, 저절로 큰 호흡이 나옵니다. 하늘을 찌를 듯이 솟은 울창한 나무들이 든든한 지붕이 되어 주었습니다. 뱃길 내내 보았던 트인 하늘보다 무성한 나뭇가지들 사이로 언뜻언뜻 보이는 하늘이 예안 사람들에게는 더 편안하기만 합니다.

날이 좋아 그런지 고개를 넘어가려는 이들이 제법 많습니다. 자기 키보다 높은 등짐을 진 장꾼들의 발걸음은 날래고, 홀로 괴나리봇짐을 둘러멘 선비의 어깨는 축 처져 있습니다. 단양장까지 심부름을 다녀오는 하인의 걸음은, 기다릴 주인의 조바심과는 달리 느긋하기만 합니다. 저마다 차림도 다르고 사연도 다르지만, 운구 행렬을 대하는 예는 정중합니다. 영구가 지나가도록 걸음을 비켜서고, 보이지 않을 때까지 고개 숙이는 이들도 있습니다. 먼저 세상을 떠나가는 이에게, 남은 이들이 표하는 경외의 마음이겠지요.

오르막길이 계속될수록 숨이 가빠지면서 말수가 줄어듭니다. 후르릇 후르릇, 이름 모를 산새 소리가 사람들의 마음을 두드리고, 풀 냄새와 나무 냄새도 더욱 짙어집니다. 보랏빛 쑥부쟁이와 흰 구절초가 군데군데 무리 지어 피었습니다. 철 지난 동자꽃도 눈에 띕니다. 한여름 햇살 아래의 주홍색 꽃은 찬란했을 텐데, 가을꽃들의 세상에서는 여름꽃의 화려한 빛깔이 왠지 처연해 보입니다. 제철 지난 모든 것이 그러하듯이.

나뭇잎들 사이로 구슬 조각처럼 보이던 하늘이, 종잇장을 뉘어 놓은 듯 수평으로 보이기 시작합니다. 종잇장 같던 하늘이 책 두께가 되고 궤짝 크기가 되면서 점점 드넓게 열립니다. 고갯마루에 다 올라온 것입니다. 저 위에서부터 손을 휘저으며 내리달아 오는 이가 있었습니다.

"아이구, 아씨 마님! 어떻게 이리…… 으흑!"

울음이 섞여 말을 잇지 못합니다. 서소문 집에서 바깥일을 하던 잇산입니다.

제가 당신이 계신 도성 서소문 집으로 올라갈 때, 잇산이는 이삿짐을 지고 동행하였습니다. 저의 성미와 변덕으로 집안사람들이 곤욕을 치를 때면, 손바닥을 마주 비비며 안타까워 어쩔 줄 몰라 했지요. 걱정스레 저를 살피며 무엇이라도 챙겨 주려 했던, 정 많은 이였습니다. 모내기할 무렵에 예안으로 내려갔는데, 그 뒤에 이리 저를 대할 줄은 상상도 못 했을 것입니다.

"어엉! 으흑, 으흐흑……."

다 큰 어른이 울음을 터뜨리니 사방이 숙연하였습니다. 고개를 오르던 이들도 걸음을 멈추었습니다. 큰댁의 조카도 침통한 얼굴로 영구를 맞았습니다. 준과 채와도 그간의 안부를 나누었습니다.

큰집 조카와 잇산은 죽령에서 여러 날 저희를 기다렸다고 합니다. 원래는 당신이 죽령까지 직접 오시려 했다지요. 그러나 예안에도 큰비가 계속 내렸고, 영지산 달팽이 집에서도 더 지내실 수 없어 삼백당에 계신다 들었습니다. 산에서 큰비를 맞은 당신의 몸이 회복되지 않아 조카들만 온 것이라 합니다. 직접 와 보시지도 못하고, 지금껏 기별도 없어 걱정이 크실 테지요. 운구가 죽령 고개에 도착했다는 소식을 온혜에 전하기 위해, 조카는 사람을 먼저 내려보냈습니다.

일찌감치 죽령 주막거리에 잡아 놓고 기다리던 방으로 잇산이가 안내하였습니다. 집안사람의 마중을 받고 보니 이제 정말 돌아왔다는 생각이 드나 봅니다. 뱃길이 끝났을 때와 또 다른, 그보다도 더 진한 안도감이 일행의 얼굴에 어렸습니다. 한결 푸근해진 마음으로 늦은 점심상을 받고 둘러앉았습니다. 나루터 여각들에서와는 달리, 맛깔스럽게 무친 산나물에 제법 찬이 갖추어진 상입니다.

떠들썩한 소리에서 저는 벗어 나왔습니다. 혼백으로 다시 혼자가 되었습니다. 저 역시 돌아오기는 했으되, 방 안의 저들과는 다른 처지라는 사실이 더욱 크게만 다가옵니다. 남들 같지 않은 데다 난산 끝에 아이도 지키지 못해서인지, 이승에 더 머무르지 못하는 데에는 별 미련이 없었습니다. 이렇게 떠나가는 이들이 한둘이 아닐 것이며, 제게만은 절대 일어나지 않으리라는 법도 없을 것입니다. 비 오는 날에 저 하늘 위에서 내려다보면 누군가는 비를 조금 더 맞고, 또 누군가는 요행히 덜 맞기도 하겠지요. 하늘에서 내리는 비를 사람의 힘으로야 어찌하겠습니까. 그야말로 운수이며, 자신에게 다가온 불운의 인과를 따져 보는 것도 사람의 몫이 아닐 것입니다. 하늘이 하실 일이지요. 저와 아기의 운명을 그리 받아들이려 하였습니다.

하지만 낯익은 산천과 낯익은 얼굴들이 운구 일행을 맞이하는 광경을 보니, 담담하던 마음이 흔들립니다. 낯익고 그리운 이들의 세상에서 완전히 떠나와 있다는 생각이 처음으로 강하게 듭니다. 어쩔 수 없겠으나, 새삼 외롭습니다.

침울한 생각을 털어 버리려 소백산 골짝 골짝을 휘휘 다녀 봅니다. 육신에 얽매이지 않은 혼백이기에 가능한 일이겠지요. 산줄기는 끝없이 이어져 있고, 산등성이와 골짜기를 넘나드는 바람은 선선하고 자유롭습니다. 죽령도 꽤 높건만, 고개 너머로 더 높은 산봉우리들이 첩첩합니다. 높다랗게 막아서 있긴 하지만, 숲은 가로막거나 되받아치는 완강한 장애물이 아닙니다. 풍성한 수풀은 무엇이건 품어 줄 듯 한없이 너그럽고, 끝없이 이어져 있습니다. 어떠한 처지도, 어떠한 하소연도 다 받아들이고 다독여 줄 것만 같습니다. 서러운 이의 한숨 같은 흰 구름이 골짜기를 흐르다, 쉬었다 합니다. 제 속마음도 깊고 아득한 산골짜기에 토해 봅니다.

끄으으, 우으으—.

몸을 벗은 혼백 어디에서 이러한 소리가 나오는 걸까요? 혼백에까지 스며든 이승의 응어리가 다 올라오는 것 같습니다.

우우으—, 저라고 당신 곁에서 더 지내고 싶지 않겠습니까?

아아으—, 이렇게 돌아온 저를 대할 당신의 아픔에, 저 역시 아프지 않겠습니까?

아아아, 아아아아—.

목 놓아 빈 울음을 소백산 골짜기에 흩뿌려 놓았습니다.

달빛에 젖어

상을 물린 사람들은 고개를 내려갈 채비를 하였습니다. 오늘 안에 산을 내려가 풍기에서 묵을 작정입니다. 해가 짧은 산골이라 길 나서기를 주저할 만도 한데, 집안사람들을 만나고 보니 새로 기운이 난 모양입니다. 짐을 꾸려 주막집을 나서는 걸음들이 탄탄합니다.

숲길에 해가 일찍 저물었으나 그리 캄캄하지는 않습니다. 서쪽으로 넘어가는 해님과 번을 나든 것처럼, 하늘에 열이틀

달이 올라온 덕분입니다. 한가위 보름을 앞둔 달은 유달리 더 환했습니다. 키 큰 나무들과 숨바꼭질하듯 따라오는 달님 덕분에 산길은 지루하지 않았습니다. 너른 곳을 골라 잠시 다리쉼을 할 때면 달님도 함께 머물러 주었습니다.

달빛에 젖어, 집안사람들과 그간의 이야기를 두런두런 나누면서 걷다 보니 비탈진 산길이 어느새 완만해졌습니다. 내리막길에서 위로 꼿꼿이 올라붙었던 종아리 근육이 평평한 곳에서는 풀어져 걸음이 휘청거리기도 합니다. 죽령을 넘기 전에는 충청도 땅 단양이었는데, 넘어와 보니 경상도 풍기입니다. 풍기장이나 영주장 심부름을 자주 다녔던 아랫사람들은, 이제 집에 다 왔다 여기겠지요.

덥지도 춥지도 않은 밤공기가 상쾌합니다. 고갯길에서는 가까이 다가와 정답게 굴던 달이, 들길에서는 시치미 떼고 도로 올라가 하늘에서 휘영청합니다. 길섶에서는 작은 풀꽃들이 웃는 얼굴로 달님을 반깁니다. 하늘의 달님과 땅 위의 풀꽃 사이로 흰 상복 입은 사람들이 영구를 메고 밤길을 걷습니다. 둥글어 가는 달과 희거나 노란 작은 꽃들, 이승을 떠나는 영구와 떠나보내는 흰옷 입은 사람들……. 모두를 감싸며 하늘에서부터 고요히 달빛이 흘러내립니다. 고단한 이도, 쓸쓸한 이도, 서러운 혼백도 달빛에 포근히 젖습니다.

풍기 여각에서 하루를 묵고 다시 길을 떠났습니다. 죽령을 넘어오고부터 고을 관아에서 여러 편의를 보아주었습니다. 죽령 주막에서 사람을 보내기도 했지만, 영구가 도착했다는 소식을 관아에서 그보다도 더 일찍 온혜에 전해 주었습니다. 그간에도 여러 고을에서 운구에 관련된 일을 돕겠다고 하였지요. 관찰사를 지내신 넷째 아주버님과 충청도에 어사로 파견되었던 당신을 잘 알고 있었기 때문입니다. 그러나 공무가 아닌 일로 폐를 끼칠 수는 없기에, 상주들은 사양하였습니다. 당신의 뜻도 그러했을 테지요.

하지만 고향이 가까워지면서, 저희 집안을 잘 아는 고을의 은근한 도움마저 다 막을 수는 없었습니다. 미리 기별을 받은 여각들은 운구 일행을 꺼리지 않았습니다. 흥정도 깐깐히 하지 않고 선선히 방을 내주었습니다. 음식이며 이부자리도 더욱 신경 써 깔끔했습니다.

영주에 도착해 보니 집안사람들이 더 와 있었습니다. 구슬픈 얼굴과 정중한 태도를 보니, 이런 모습으로 돌아온 것이 미안할 지경이었지요. 상례를 잘 아는 재종숙도 오셔서, 젊은 상주들이 한시름 놓았습니다.

당신도 이제 제가 가까이 오고 있다는 것을 알고 계시나 봅니다. 영구가 죽령을 넘었다는 소식에, 자리를 털고 일어나 장

사 지낼 준비를 하고 계신다지요. 빈소는 삼백당에 마련할 것이라 들었습니다. 당신과 혼인하여 처음 지내던 그 방이, 이승에서 제가 마지막으로 머무르는 곳이 될까요? 아랫사람들에게 이런저런 일들을 이르시다가도, 얼마나 자주 손 놓고 맥 놓고 하늘을 올려다보시는지요? 허공에 흩어진 당신의 탄식이 저에게도 다가옵니다. 차라리 함께 봄에 내려올 것을……, 출산할 때까지 도성에 더 머물러 있을 것을……, 휴가가 끝났을 때 다시 서소문 집으로 올라갈 것을…….

아아, 당신은 부디 마음 아파하시지 말기 바랍니다. 아이의 명도, 저의 명도 거기까지였습니다. 짧았다 하나 아이는 이 세상에 다녀간 의미가 충분히 있었고, 아쉽다 하나 저는 당신 곁에서 충분히 행복하였습니다. 그리고 지금은 그리운 온혜로, 당신에게로 다시 돌아가고 있습니다.

하룻밤을 영주에서 묵었습니다. 밤길을 도와 온혜까지 갈 수도 있었겠으나, 경황없이 온 긴 여정이었기에 수습하고 갖추어야 할 것이 많았습니다. 재종숙 어른의 가르침을 받아 가며, 예안에서 가져온 종이와 포목으로 영구도 새로 단장하였습니다. 진중하고도 곡진한 손길에, 혼백의 가슴도 뭉클하였습니다.

이튿날 아침 일찍 나룻배에 올랐습니다. 봉화에서부터 내려와 낙동강까지 길게 흘러가는 내성천을 건너기 위해서입니다.

지나온 남한강에 비하면 뱃길이라 할 것도 없이, 바라보이는 저 맞은편으로 건너가는 것에 불과했지요. 순식간에 내를 건너니, 다가오는 풍경이 더욱 친근합니다. 나그네의 눈에는 시내의 이쪽저쪽이 별반 다를 게 없어 보이겠지만, 예안 사람들은 산 능선의 미세한 변화와 구부러진 길의 방향까지 다 알아봅니다. 낯이 익고 눈에 익은 것은 사람의 마음을 편안하게 합니다. 긴 여정의 고단함이 익숙한 산천에 스르르 풀립니다. 이제 몇 고개 넘으면 예안입니다.

영주 지나 봉수산 북쪽 아래를 빙 돌아 녹전으로 향하니, 멀리 용두산 봉우리가 모습을 드러냅니다. 산봉우리만 보았을 뿐인데도 산 아래 풍경까지 단번에 세세히 그려집니다. 용머리 쪽에서 아래로 내려온 산줄기는 온혜 물줄기까지 이어져 있고, 따스한 물줄기를 따라가다 보면 산 아랫자락에 노송정 큰댁의 지붕이 보일 것입니다. 그리고 조금 떨어져, 나지막한 둔덕에 기댄 삼백당 아주버님 댁도 있을 것입니다.

제 눈길은 봉수산에서 동쪽으로, 영지산 봉우리를 향합니다. 뱃길을 떠나올 때부터 그리던 곳입니다. 그 아래로 흐르는 분강 물줄기도 여전하겠지요. 이제껏 보아 온 산들과 그리 다르지 않건만, 고개를 돌리기만 해도 가슴이 뛰고 눈앞이 흐려지기 시작합니다. 당신과 저의 지산와사, 산비탈의 작은 달팽이 집은 그대로일까요? 지난 큰비에 많이 상했다는데, 십 년 세월에 쇠락하기도 했겠지요. 당신과 저의 시간이 그만큼 흘러 왔듯이. 그리고 뜻하지 않게 서로 다른 세상에 이리 떨어져 있는 것처럼…… 당신은 저의 영구를 그곳에도 데려가 주실 테지요. 바람에 실려 돌아온 저의 혼백을, 작은 달팽이 집은 알아보아 줄 것입니다.

마침내 온혜에

마침내 온혜 들머리로 접어들었습니다. 서소문 집에서 발인하고 먼 길을 떠나온 지 열엿새 만입니다.

추석이 내일인데도 들에는 사람들이 많이 나와 있습니다. 봄과 여름에 날씨가 고르지 못해 안 그래도 가을 추수가 걱정이었는데, 얼마 전에 내린 큰비에 피해가 더욱 컸기 때문입니다. 쓰러진 벼를 일으켜 세우고, 새로 논에 물길을 내고, 밭작물들을 살피느라 집 안에서 가만히 명절 준비만 하고 있을 염이 없을 것입니다.

영구를 본 사람들은 허리를 세우고 바로 일어나, 머리에 쓴 수건을 벗고 정중히 고개 숙입니다. 눈물을 훔치는 아낙들도 있습니다. 저는 마을의 한 사람, 한 사람을 다 알지 못하지만, 마을 사람들은 영구에 실려 돌아오는 가여운 서울 마님에 대해 잘 알고 있을 테지요.

애달파하는 사람들의 인사를 받으며 나아가니, 어느새 용수사 쪽에서 온혜 물줄기가 마중 나옵니다. 온혜 물소리가 들려오니, 이제야 정말로 돌아왔다는 생각이 듭니다. 예전에도 그랬듯, 물소리만으로도 마음이 편안해지고 따스해집니다. 일하다 말고 머릿수건을 손에 든 채 뒤따르는 이도 많습니다. 당신의 집안이나, 아니면 당신에게 고마운 마음을 간직한 사람들이겠지요. 아침에 영주에서 출발할 때보다 영구를 따르는 행렬이 한결 늘었습니다.

커다란 느티나무가 지키는 동리 입구에서 다시 한 번 행장을 정돈하였습니다. 뒷산의 소나무들이 병풍을 두른 듯 서 있는 노송정 지붕이 보입니다. 큰댁에서도 모두 삼백당 빈소에 와 계실 테지요. 상주들은 잠시 걸음을 멈추고 멀리서나마 사당에 예를 고합니다.

이 모든 일이 언젠가 한 번 겪은 적 있다는 생각도 듭니다. 느티나무 아래에서 숨을 고르고, 큰 기와집을 향해 멀리서 인사하고, 다시 행장을 꾸려 나아가는 것……. 십육 년 전, 당신과 혼인하여 삼백당 집으로 갈 때였습니다. 꽃가마 안의 연두

저고리에 다홍치마 입은 얼뜨고 모자라는 새색시는, 가마 옆 큰오라버니 같은 신랑에게만 의지하고 있었지요. 그리고 이제는, 꽃가마 아닌 영구에 누워 그에게로 가는 중입니다. 수의(壽衣)가 되어 버리긴 했지만, 여전히 그때의 연두저고리에 다홍치마를 입은 채입니다.

삼백당 길 아래까지 사람들이 나와 있습니다. 영구를 맞아 애통해하는 아랫사람들이 뒤를 따르고, 집안 어른들과 형님들, 조카들이 문밖에까지 나와 맞습니다. 서울에서부터 운구해 온 이들도, 온혜에서 영구를 맞이하는 이들도 다 같이 침통합니다. 언제 따로 내려오셨는지, 서울에서의 생활과 초상까지 모두 살펴 주시던 넷째 아주버님도 나와 계십니다. 다섯째 아주버님도 오셨습니다. 여섯 형제 중에 위로 세 분은 돌아가시고, 막내인 당신까지 삼 형제만 남으셨지요.

어떻게 뵐지 몰라 당신에게로 향하려는 눈길을 머뭇대고만 있었습니다. 그러나 애써 찾지 않아도 불에 덴 듯 뜨겁게, 아프게 당신의 모습이 다가옵니다. 저기, 지팡이를 짚은 채 구부정한 모습의 당신, 그사이 어찌 그리 쇠약해지셨는지요?

서울에 계실 때보다 얼굴에는 주름이 더 늘었고 많이 여위셨습니다. 머리에는 형님들보다 흰 서리가 더 많이 내려앉았습니다. 집에 계실 때도 건강이 좋지 않으셨지만, 못 뵌 새 더합니다. 대궐에서 멀리 떠나 있으면 좀 나아지리라 여겼는데, 지금 뵈니 그렇지도 않습니다. 하긴 여전히 참담한 일이 벌어지고 있는 대궐 소식을 아주 외면할 수도 없었겠지요. 저와 뱃속 아기를 두고 온 것도 마음 쓰이셨을 테고, 그러다 전해진 부고에 더욱 비탄하셨겠지요.

당신은 천천히 영구 쪽으로 다가오셨습니다. 상복 입은 준과 채가 말없이 당신을 뒤따릅니다. 주름지고 거친 손길로 영구를 쓰다듬는 당신의 울대뼈가 떨려 오는 게 느껴집니다. 저도 목이 메어 옵니다. 어찌 이리 돌아왔느냐 나무라지 마시기를……. 이렇게라도 잘 왔다 해 주시기를……. 험한 뱃길을 거쳐, 사나운 비를 맞고도, 어두운 밤길도 지나, 마침내 저는 당신에게로 돌아오고야 말았습니다.

당신의 눈길이 영지산 쪽 하늘로 향합니다. 여기, 차마 다가가지 못하고 바람으로 서성이는 제가 보이시나요? 당신의 손이 왼쪽 가슴을 천천히 쓸어내립니다. 아아, 여윈 당신 모습에 아파하는 제 마음이 느껴지시나요?

당신 눈에 서서히 눈물이 고이기 시작합니다. 혼백인 저도 눈물이 고입니다. 당신의 눈에서도, 제게서도 고여 있던 눈물이 동시에 흘러내립니다. 이승에서건 이승을 떠나서건, 그리워하는 이들의 눈물샘은 한곳에 닿아 있나 봅니다. 울컥, 저의 눈물샘이 흔들리면 당신의 마음에도 파동이 일 것입니다. 당신의 샘이 일렁이면 다른 세상의 저에게도 와닿을 것입니다.

영지산에서 불어오는 바람을 마주하는 당신의 심장이 천천히 뛰고 있습니다. 고요한 떨림 속에 저는 당신과 영원히 함께 있을 것입니다.

원문

83쪽 • 「봄을 느끼다(感春)」에서
時光忽不留 幽懷悵難言 三年京洛春 局促駒在轅

84쪽 • 「봄을 느끼다(感春)」에서
我家淸洛上 熙熙樂閒村 隣里事東作 鷄犬護籬垣
圖書靜几席 烟霞映川原 溪中魚與鳥 松下鶴與猿
樂哉山中人 言歸謀酒尊

128쪽 • 「사락정이라 이름 짓고 부쳐 쓰다(寄題四樂亭) 4」
我識樵人樂 生居洞裏村 相呼入雲遠 高擔出山昏
愛伴心同鹿 忘形貌似猿 何如名利子 平地見波翻

136쪽 • 「망호당의 매화를 찾아가다(望湖堂尋梅)」
望湖堂下一株梅 幾度尋春走馬來 千里歸程難汝負 敲門更作玉山頹

참고 자료

책

『경북 북부 지역의 성리학』, 장윤수 지음, 심산 2013.

『나의 문화유산답사기 3』, 유홍준 지음, 창작과비평사 1997.

『나의 문화유산답사기 8 — 남한강편』, 유홍준 지음, 창비 2015.

『답사 여행의 길잡이 7 — 경기 남부와 남한강』, 한국문화유산답사회 엮음, 돌베개 1996.

『답사 여행의 길잡이 10 — 경북 북부』, 한국문화유산답사회 엮음, 돌베개 1997.

『답사 여행의 길잡이 12 — 충북』, 한국문화유산답사회 엮음, 돌베개 1998.

『당쟁으로 보는 조선 역사』, 이덕일 지음, 석필 1997.

『도산에 사는 즐거움(이황 선집)』, 김대중 편역, 돌베개 2008.

『맹자』, 맹자 지음, 박경환 옮김, 홍익출판사 2005.

『사화와 반정의 시대』, 김범 지음, 역사의아침 2007.

『선비의 아내』, 류정월 지음, 역사의아침 2014.

『선비의 탄생』, 김권섭 지음, 다산초당 2008.

『(신역) 퇴계집』, 이황 지음, 장기근 역해, 홍신문화사 2003.

『안도에게 보낸다』, 이황 지음, 정석태 옮김, 들녘 2005.

『안동 선비는 어떻게 살았을까』, 이종호 지음, 신원 2004.

『영남의 큰집, 안동 퇴계 이황 종가』, 정우락 지음, 예문서원 2011.

『이퇴계의 활인심방』, 정숙 엮음, 범우사 2005(2판).

『이황 시의 깊이와 아름다움』, 신연우 지음, 지식산업사 2006.

『종가의 제례와 음식 7 — 진성이씨 퇴계 이황 종가』, 국립문화재연구소, 월인 2005.

『터를 안고 인(仁)을 펴다 — 퇴계가 굽어보는 하계 마을』, 안동대 안동문화연구소 지음, 예문서원 2005.

『퇴계선생년표월일조록 1』, 정석태 편저, 퇴계학연구소 2001.

『퇴계 선생 설화』, 강재철 · 홍성남 · 최인학 엮음, NOSVOS 2011.

『퇴계 선생 일대기』, 권오봉 지음, 교육과학사 1997.

『퇴계 선생에게서 배우는 인생의 지혜』, 이윤희 지음, 지영사 2001.

『퇴계 이황 시선』, 허경진 옮김, 평민사 2007.

『퇴계 이황, 아들에게 편지를 쓰다』, 이황 지음, 이장우 · 전일주 옮김, 연암서가 2011.

『퇴계 이황, 예 잇고 뒤를 열어 고금을 꿰뚫으셨소』, 신귀현 지음, 예문서원 2001.

『퇴계처럼』, 김병일 지음, 글항아리 2012.

『퇴계 평전』, 정순목 지음, 지식산업사 1987.

『편지를 통해 본 퇴계의 인간상』, 이종호 지음, 영남퇴계학연구원 2011.

『한강 따라 짚어 가는 우리 역사』, 신정일 글 · 사진, 판미동 2007.

『한강을 가다』, 신정섭 지음, 눌와 2010.

『한국사 28─조선 중기 사림 세력의 등장과 활동』, 국사편찬위원회 엮음, 탐구당 2013.

『함양과 체찰』, 신창호 엮고 지음, 미다스북스 2011.

논문

「가서(家書)를 통해 본 퇴계의 가족 관계 및 인간적인 면모」, 이장우, 『퇴계학논집』 11호, 영남퇴계학연구원 2012.

「『자성록(自省錄)』을 통해서 본 퇴계의 심학」, 강희복, 『한국 사상과 문화』 제3집, 한국사상문화학회 1999.

「퇴계 선생의 삶에 관한 허구와 진실」, 김언종, 국립중앙박물관 인문학특강 자료집 2010.

「퇴계 선생의 일기 총록 1」, 권오봉, 『퇴계학보』 제78집, 퇴계학연구원 1993.

「퇴계 선생의 일기 총록 3」, 권오봉, 『퇴계학보』 제80집, 퇴계학연구원 1993.

「퇴계 이황 이야기의 서사화 양상」, 정석태, 『전북사학』 제37호, 전북사학회 2010.

「퇴계 이황의 '감성 철학'─하늘 관념을 중심으로」, 윤천근, 『퇴계학보』 제138집, 퇴계학연구원 2015.

「퇴계 이황의 매화시 연구」, 이정화, 『한국 사상과 문화』 제41집, 한국사상문화학회 2008.

「퇴계 이황의 생애와 사상」, 이성무, 『조선시대사학보』 제45권, 조선시대사학회 2008.

「퇴계와 도산(陶山)」, 이지양, 『민족문학사연구』 제26호, 민족문학사연구소 2004.

「퇴계의 마음 치료와 도덕 교육」, 권상우, 『퇴계학과 유교문화』 제51호, 경북대학교 퇴계연구소 2012.

「퇴계의 생애와 인간상」, 윤사순, 『퇴계학연구』 제1집, 단국대학교 퇴계학연구소 1987.

「현실적 원인과 전환 시대의 논리로 본 이황의 생애와 사상」, 김승영, 『동서철학연구』 제56호, 한국동서철학회 2010.

조선왕조실록 http://sillok.history.go.kr

역사에서 걸어 나온 사람들 2

당신에게로—남편 이황에게 전하는 권씨 부인의 마음

초판 1쇄 발행 2020년 2월 20일

지은이 | 안소영
삽화 | 김동성
교정 | 문해순
디자인 | 여상우

펴낸이 | 박숙희
펴낸곳 | 메멘토
신고 | 2012년 2월 8일 제25100-2012-32호
주소 | 서울시 은평구 연서로 182-1, 502호(대조동)
전화 | 070-8256-1543 팩스 | 0505-330-1543
이메일 | mementopub@gmail.com
블로그 | http://mementopub.tistory.com
페이스북 | www.facebook.com/mementopub

ⓒ안소영 · 김동성
ISBN 978-89-98614-74-4 (세트)
ISBN 978-89-98614-76-8 (04910)

이 도서의 국립중앙도서관 출판예정도서목록(CIP)은 서지정보유통지원시스템
홈페이지(http://seoji.nl.go.kr)와 국가자료종합목록 구축시스템(http://kolis-net.nl.go.kr)에서
이용하실 수 있습니다. (CIP제어번호 : CIP2020004945)